Generis

PUBLISHING

CONTRIBUTION A LA PROTECTION CONTRE DES POLLUTIONS CHIMIQUES D'UN SYSTEME LENTIQUE EN REGION TROPICALE

LE LAC TOHO AU SUD- BENIN, AFRIQUE DE L'OUEST

Jean Gouvidé GBAGUIDI

DESCRIEREA CIP A CAMEREI NAŢIONALE A CĂRŢII DIN REPUBLICA MOLDOVA

Gbaguidi, Jean Gouvidé.

Contribution a la protection contre des pollutions chimiques d'un système lentique en région tropicale : Le lac Toho au sud-bénin, Afrique de l'Ouest / Jean Gouvidé Gbaguidi – Generis Publishing, 2020 (Print on demand). –57 p. : fig. color, fot. color.

Referinţe bibliogr.: p. 48-50.

ISBN 978-9975-153-50-8.

504.455.06(6-15)

G 27

Cover image: www.pixabay.com

Generis Publishing
Online orders: www.generis-publishing.com
Orders by email: info@generis-publishing.com

DEDIDACE

Je dédie cet ouvrage à mon feu Grand-Père **OBAGUIDI Sèmado Vincent** et à mon oncle **OBAGUIDI Florentin.**

Recevez le fruit de votre travail

AVANT-PROPOS

L'eau est indispensable à toute forme de vie ; elle est nécessaire à la santé, l'agriculture, l'industrie, le tourisme, les loisirs, et la navigation etc. L'eau est également une ressource menacée et constitue de ce fait une source de danger voire de mort, lorsqu'on sait que près de 80% des maladies et 3,1% des décès au monde seraient de l'avis des spécialistes de la question, serait dû à la mauvaise qualité de l'eau (www.ConsoGlobe.com consulté le 1er décembre 2018).

L'expansion démographique des populations riveraines autour des écosystèmes aquatiques entraîne la pollution des plans d'eau (Lacs et lagunes) par le rejet d'une grande masse des déchets solides et liquides produits par les diverses activités surtout celles anthropiques. Ces déchets continuent d'être rejetés sans traitement dans les plans d'eau de certaines grandes villes de l'Afrique de l'Ouest, posant de graves problèmes de santé (Lamizana-Diallo et al, 2008). Presque tous les écosystèmes aquatiques du Bénin sont menacés par ces genres de pollutions qui perturbent l'équilibre des espèces aquatiques. La pollution des plans d'eau a des effets directs et indirects très importants sur la vie humaine. Ses impacts vont se répercuter dans tous les domaines de la vie et peuvent être évalués à deux niveaux : sur attribuées à l'écosystème aquatique et sur l'homme.

Cet ouvrage est structuré en cinq chapitres. Le chapitre 1 aborde les eaux de surface et les différents types de pollutions. Le chapitre 2 traite eaux de surface et impacts des pollutions. Le chapitre 3 fait la lumière sur la qualité des eaux. Le chapitre 4 présente la protection contre des pollutions chimiques du lac Toho situe au sud-Bénin, Afrique de l'ouest. Le chapitre 5 aborde les actions militantes pour la conservation écosystémique du lac Toho.

Cet ouvrage a été rédigé sous la supervision de l'émérite Professeur Titulaire Daouda MAMA, Directeur de l'Institut National de l'eau(INE) et du Laboratoire d'Hydrologie Appliquée(LHA).Sans oublier Co-superviseur Dr Nikita TOPANOU pour tout le plaisir qu'il nous a accordé pour la rédaction de ce livre.

REMERCIEMENTS

C'est le moment précieux pour nous de témoigner nos sentiments de profonde gratitude à tous ceux qui ont contribué à la conception de cet ouvrage.

En début de toute chose nous disons merci au Seigneur tout Puissant pour toutes les œuvres inoubliables qu'il a réalisées dans notre vie au cours de ce travail.

Nos profondes gratitudes à notre Superviseur, le Professeur Titulaire Daouda MAMA, Directeur de l'Institut National de l'eau (INE) et du Laboratoire d'Hydrologie Appliquée(LHA) pour tous ses conseils et sa disponibilité à superviser ce travail. Un grand merci à notre Co-superviseur Dr Nikita TOPANOU, maître assistant des universités du CAMES pour tout le plaisir qu'il nous a accordé durant ce travail et tous les conseils prodigués puis sa disponibilité à veiller à la rédaction de cet ouvrage. Sans oublier Ir Constant ADANDEDJAN, pour avoir nous conduit dans les travaux du laboratoire.et au Chef du laboratoire (LCQEA), M. POGNON Elias pour tous ses conseils pour la réussite de ce présent travail.

Un clin d'œil à tous les autres personnels du laboratoire en occurrence Monsieur Cyr F.D. AFLE pour tous ses conseil qu'il nous a donné au cours de notre stage, Ir Daniel AHOUNOU, Mme DOMINGO Aloyimi pour l'attention particulière qu'elle a tenu à notre égard au cours de nos analyses microbiologiques, Mme MEDO Judith pour l'intérêt qu'elle a accordé à ce travail et M.SIANOU Antoine.

Ma reconnaissance au Dr AKPO Monyo Segbêmon pour toute l'attention particulière, sans lui je ne saurai réaliser ce travail.

Merci à Mme Immaculée GODONOU, Animatrice à Eau et Assainissement pour l'Afrique(EAA) pour tous les efforts qu'elle a consenti pour la réalisation de cet ouvrage.

INTRODUCTION GENERALE

La variation des ressources en eau dans le monde est liée aux changements climatiques et à l'accroissement démographique. La pollution aussi affecte dangereusement la qualité des ressources en eau disponibles et hypothèque l'approvisionnement en eau potable dans le monde. Beaucoup de pays africains ont enregistré ces dernières années une croissance démographique qui s'est accompagnée d'une brusque accélération de l'urbanisation et de l'utilisation des terres par des activités agricoles et industrielles (Eau secours 2006). Tout cela a entraîné une mauvaise gestion des déchets solides et liquides, conséquence d'une énorme augmentation des rejets de polluants très divers dans les cours d'eau, perturbant le bien être des différents éléments composant l'environnement aquatique et diminuant le rendement de la pêche. Déplus, la pollution par les métaux lourds est un problème mondial qui préoccupe toutes les régions soucieuses de maintenir leur patrimoine hydrique à un haut degré de qualité (Belhamra et al, 2001). Dans certains écosystèmes, ces produits chimiques peuvent être à l'origine de la disparition de certaines espèces animales et / ou végétales et par conséquent, entrainer le dysfonctionnement de la chaîne trophique (Gold et al, 2002).

Ainsi malgré toute l'importance que nous reconnaissons à l'eau pour notre santé et pour celle de l'environnement (faune et flore), nous contribuons, par toutes les activités de notre société industrielle, à polluer et à en dégrader sa qualité. Aucun aspect de notre vie moderne n'y échappe : l'agriculture, la fabrication des produits de consommation, l'enfouissement des déchets et même des sports de loisir tel que le nautisme ont des impacts négatifs important sur l'eau, l'environnement et notre santé (Eau Secours 2006).

De ce fait, la disponibilité de l'eau, surtout de l'eau potable en quantité suffisante et permanente puis la conservation des écosystèmes aquatiques sont devenues un grand défi à relever pour la majorité des pays de la planète. Le Bénin, un pays de l'Afrique de l'ouest n'est pas épargné par ces réalités.

En effet, le carnage halieutique survenu dans la nuit du mercredi 16 au jeudi 17 mai 2018, suite à l'accidentelle pollution du lac a entraîné des pertes évaluées à des millions de franc CFA avec la disparition de plusieurs autres espèces aquatiques. Après l'échantillonnage de l'eau , des poissons et des sédiments, les résultats issus de l' analyse de ces échantillons par le laboratoire Centrale de Sécurité sanitaire des Aliments du Ministère de l'Agriculture , de l'Elevage et de la Pêche ont permis au Directeur dudit Laboratoire de porter à l'attention du publique que les eaux du lac n'ont pas été contaminées par un produit extérieur . Ces résultats n'ont pas pu satisfaire l'inquiétude du fermier situé sur le lac dans l'arrondissement de kpinnou car selon lui, le carnage halieutique de sa ferme serait due à une pollution anthropique due à un déversement des produits chimiques et il soutenait son affirmation par le changement de la couleur de l'eau et des filets qui étaient dans le lac en rouge serait dû à la dissolution de ces produits chimiques dans l'eau. Les acteurs culturels quant à eux, ce drame serait dû à un phénomène endogène du lac car certaines pratiques et principes qui se faisaient à l'accoutumée ne sont plus respectés et c'est ce qui aurait peut- être fâché les dieux du lac .Ces panoplies d'hypothèses émise suite à ce drame ont poussé la communauté scientifique et les acteurs du secteur de l'eau à mener des recherches sur le lac pour la vérification de ces hypothèses. C'est ce qui nous a poussé en à contribuer à la protection du lac.

A ce jour, ces dysfonctionnements ne seraient pas sans conséquence sur l'écosystème, la vie des espèces aquatiques et la qualité de l'eau des rivières et des cours d'eau. Une meilleure appréhension du fonctionnement de cet environnement devra apporter la réponse à un certain nombre de questions:

☐ Quel est l'état actuel de la qualité des eaux des cours d'eau du Bénin ?

☐ Existe-t-il des pistes pour une meilleur protection de nos lacs contre les diverses pollutions ?

Le pays ne dispose pas en effet d'un système organisé et opérationnel de collecte, de centralisation et de traitement des données se rapportant à la qualité des eaux de surface. Toutefois, la Direction Générale de l'Eau(DGE) considère que des données intéressantes existent dans le pays à travers des mesures et études effectuées à différentes époques par diverses institutions (Dovonou et al ; 2012). Pour une meilleure protection contre la pollution de ces ressources en eau, il faut une meilleure connaissance quantitative et qualitative de ces cours d'eau. De nos, jours l'aspect quantitatif se fait à partir des réseaux d'observation implantés par la DGE, l'ASECNA, IITA, IRD et Météo Bénin au niveau des stations hydrologiques. Le suivi qualitatif se fait surtout pour l'alimentation en eau potable par la SONEB. Le suivi de la qualité des eaux de surfaces ne se fait pas en dehors de quelques recherches dc certaines institutions. Alors il est indispensable de disposer des moyens de protection adéquate de ces eaux de surface (cours d'eau et plans d'eau) pour une meilleur conservation de l'écosystème et la protection de la vie des espèces aquatiques. L'appréciation de la qualité des eaux de surface se base sur la mesure de paramètres physico-chimiques et chimiques ainsi que sur la présence ou l'absence d'organismes et de micro-organismes aquatiques, indicateurs d'une plus ou moins bonne qualité de l'eau. Ces données peuvent être complétées par l'analyse des sédiments (boues), qui constituent une "mémoire" de la vie de la rivière, notamment des épisodes de pollution par les métaux lourds, les polychlorobiphényles (PCB), les hydrocarbures aromatiques polycycliques (PCB) ou d'autres matières organiques non biodégradables. La présence de ces éléments n'est pas sans incidences sur les écosystèmes naturels (Dèdjiho, 2013).La disponibilité des données sur la qualité des eaux des lacs facilitera une meilleure protection en vue de la conservation de l'écosystème. C'est ce qui justifie l'intérêt de la rédaction de cet ouvrage intitulé : «Contribution à la protection contre des pollutions chimiques d'un système lentique en région tropicale : le lac Toho au sud-Benin, Afrique de l'ouest». Le lac Toho a été choisi à cause de la richesse de son patrimoine hydro-écosystémique et de l'accidentelle mort en masse des poissons dans le mois de mai 2018.

◈ **Objectifs de l'étude**

De façon générale, ce travail vise la caractérisation physico-chimique et microbiologique des eaux du lac Toho afin de contribuer à une meilleure connaissance et protection de ce plan d'eau.

De façon spécifique, il s'agira de :

- mesurer les paramètres physico-chimiques et microbiologiques de l'eau;

- évaluer la qualité chimique des poissons et des sédiments ;

- identifier la cause probable de la mort en masse des poissons ;

◈ **Hypothèses**

Pour atteindre les objectifs de ce travail, les hypothèses suivantes ont été émises :

- **Hypothèse 1 :** Le lac Toho est sujet à plusieurs types de pollutions surtout la pollution d'origine agricole due à l'usage des engrais chimiques dans le but d'accroître le rendement de la production agricole.

- **Hypothèse 2 :** La faune aquatique est fortement menacée.

- **Hypothèse 3 :** La mort en masse des poissons est due à une pollution d'origine anthropique.

CHAPITRE I :

EAUX DE SURFACE ET POLLUTION

Généralité

Le Bénin dispose d'une diversité d'écosystèmes humides se traduisant par la présence d'un important réseau hydrographique inégalement réparti sur l'ensemble du territoire national. Ce réseau est constitué de nombreux cours d'eau, de lacs, de lagunes et de retenues d'eau (Azonsi et al, 2008).

Les eaux stagnantes ou eaux dormantes sont, en écologie et en hydrologie, des étendues d'eau douce où l'eau ne circule pas ou très peu. Il peut s'agir de flaques, de trous d'eau, de petites mares, de chenaux ou de petits bras morts fermés, et plus rarement d'étangs, de lacs ou de marais avec eau libre puisque ces-derniers sont généralement animés de courants créés par le vent. On désigne aussi comme stagnante l'eau contenue dans un réservoir ou un puits dans lequel elle ne peut être aérée correctement. Si elle contient de la matière organique, elle est sujette à des processus de décomposition anaérobie.

On distingue trois catégories d'eau stagnantes :

- les lacs, plan d'eau en général d'origine naturelle dont la profondeur maximale dépasse dix mètres ;

- les (grands) étangs, plan d'eau de plus d'un hectare d'origine naturelle ou artificielle dont la profondeur maximale n'excède pas dix mètres ;

- les zones humides comprenant divers milieux perpétuellement ou temporellement en eau dont la profondeur n'excède pas en générale deux mètres.

1.1. Caractéristique des eaux stagnantes

Une eau stagnante présente des caractéristiques particulières. Elle n'est pas homogène et se présente par couches thermiques superposées avec une surface chaude et un fond froid, le fond se comble en permanence par des dépôts divers à un rythme compris entre un millimètre et un centimètre par an, le végétal est abondant, et toute pollution y reste. Les eaux stagnantes sont donc particulièrement vulnérables aux pollutions occasionnelles ou régulières. Les plans et cours d'eau du Bénin, sont affectés par plusieurs formes de pollution qui sont liées notamment aux brusques accélérations de la croissance démographique et aux activités anthropiques (HOUNKPE J.B. et al, 2017).

1.1.1. Définition

1.1.1.1. Pollution

La pollution de l'eau est la contamination par des déchets, des produits chimiques ou des micro-organismes. Elle est aussi une altération qui rend son utilisation dangereuse et perturbe l'écosystème aquatique. Elle peut concerner les eaux superficielles (rivières, plans d'eau) et les eaux souterraines. Elle se manifeste principalement, dans les eaux de surface par une pollution chimique ou par des virus et des bactéries pathogènes (Maverick, 2012). Selon Montcho (2005), un cours d'eau est considéré comme pollué lorsque la composition ou l'état de ses eaux est directement ou indirectement modifié du fait que celles-ci se prêtent moins facilement à toutes les utilisations auxquelles elles pourraient servir à leur état naturel. Les ressources en eaux de surfaces sont donc menacées par une pollution liée aux déchets solides, effluents urbains, agricoles et même industriels (Bouih et al, 2004).

1.1.1.2. Polluants

Les micropolluants sont des molécules d'origine minérale ou organique, provenant de rejets d'activités industrielles (métaux traces, hydrocarbures), de l'activité agricole (produits phytosanitaires), ou de l'activité domestique (médicaments et produits de soins corporels dans les eaux usées) (Haman C., 2014). Ils sont détectables à de très faibles concentrations, c'est-à-dire de l'ordre du microgramme/litre, voire du nanogramme/litre. Ces molécules peuvent, même à faible dose, avoir un impact sur l'environnement, et notamment sur les écosystèmes aquatiques.

1.1.1.3. Quelques exemples de polluants

Les principaux types de polluants souvent rencontrés dans les eaux peuvent être résumés dans le Tableau I

Tableau I : Types de polluants qui peuvent se retrouver dans les eaux

Macropolluants	Micropolluants	
	Organiques	*Inorganiques*
Matières	Hydrocarbures aromatiques	Métaux et métalloïdes :
en suspension,	Polycycliques(HAP),	
Matière	Détergents, pesticides,	Plomb(Pb), Cadmium(Cd),
organique,	Hormones, substances	Mercure(Hg), Nickel(Ni),
Nitrate,	pharmaceutiques, phénols,	Cuivre(Cu), Zinc(Zn),
Phosphate.	Solvants organochlorés,	Arsenic(As), Chrome(Cr),
		Cobalt(Co), Fer(Fe)…..

1.1.1.4. Les différents types de polluants

Les micropolluants sont des molécules d'origine minérale ou organique, provenant de rejets d'activités industrielles (métaux traces, hydrocarbures), de l'activité agricole (produits phytosanitaires), ou de l'activité domestique (médicaments et produits de soins corporels dans les eaux usées) (Haman C., 2014). Ils sont détectables à de très faibles concentrations, c'est-à-dire de l'ordre du microgramme/litre, voire du nanogramme/litre. Ces molécules peuvent, même à faible dose, avoir un impact sur l'environnement, et notamment sur les écosystèmes aquatiques.

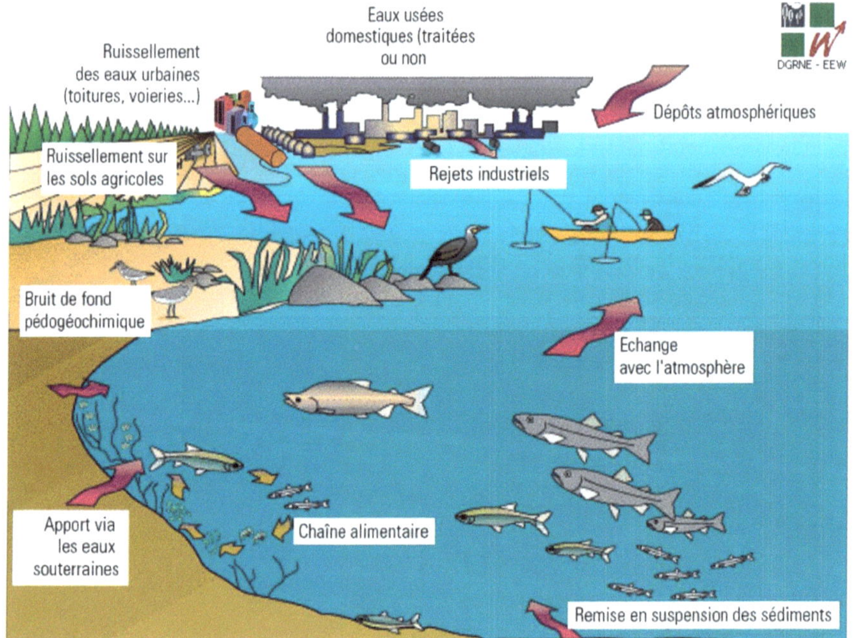

Figure 1: Sources et cheminements de pollution (Baghdadi, 2012)

1.1.2. **Les différents types de pollutions des eaux stagnantes**

Au Bénin, les activités anthropiques et l'accélération de la croissance démographique constituent les principales causes de la dégradation des écosystèmes aquatiques. Plusieurs secteurs d'activités sont sources d'importantes pollutions des plans et cours d'eau au Bénin.

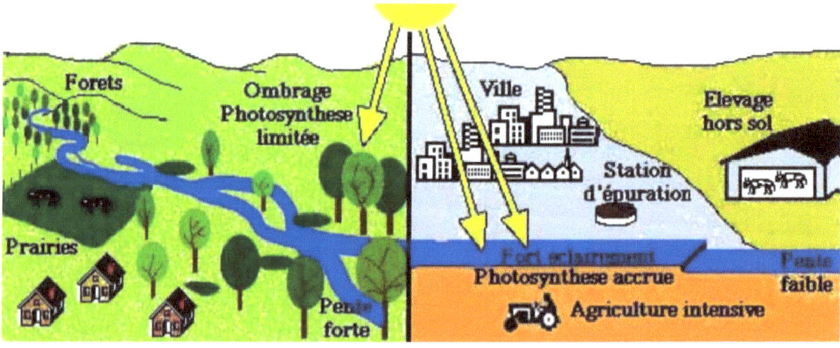

Figure 2 : Origine de l'azote et de Phosphore (Mama 2010)

1.1.2.1. Pollution domestiques

La pollution de l'eau est causée par les activités humaines. Elle est principalement liée au rejet des déchets domestiques dans l'eau, ce qui engendre les eaux vannes qui constituent l'eau des toilettes et les eaux ménagères représentants les eaux de vaisselle, de la lessive, de bain, de douche, de cuisine et de cour. La pollution domestique est surtout organique (graisses, déchets organiques, débris organiques, solvants …) ; elle peut aussi être chimique (détergents, poudres à laver, les produits utilisés dans les jardins…).

1.1.2.2. Pollutions industrielles

Les industries sont aussi en cause dans la pollution des eaux stagnantes. En effet, les industries rejettent beaucoup de déchets chimiques dans les eaux. Les rejets de ses produits chimiques ont lieu dans les milieux aquatiques venant d'agglomérations, d'usines et d'installations minières riveraines. La pollution générée par ces rejets varie suivant le type d'activité industrielle. La pollution physique peut être due au réchauffement de l'eau par le rejet thermique d'une centrale correspondant à l'eau ayant permis le refroidissement et la condensation de la vapeur d'eau entrainant la turbine motrice de l'alternateur.

La pollution radioactive des milieux aquatiques surtout due aux installations nucléaires. Elle peut être naturelle provenant des eaux pouvant traverser des roches radioactives. Ainsi des eaux minérales peuvent présenter une radioactivité bêta totale de l'ordre de 4bq/l.

La pollution radioactive des milieux aquatiques est cependant essentiellement d'origine anthropique. Des radioéléments sont rejetés normalement ou accidentellement dans les cours d'eau. Nous allons en donner quelques exemples. Une centrale nucléaire, en fonctionnement normal, émet des effluents radioactifs liquides et gazeux. Les rejets liquides concernent principalement du Tritium, un isotope radioactif de l'hydrogène.

En Afrique, l'agro-alimentaire est un important secteur industriel ; les usines sont généralement situées dans des régions intérieures et c'est pour cela que l'évacuation des déchets se traduit par des problèmes de pollution des eaux continentales (rivières, cours d'eau et lacs). On peut citer à titre d'exemple la Brasserie (SOBEBRA), la Société Nationale pour l'Industrie des Corps Gras (SONICOG), la Société Béninoise de Textile (SOBETEX), la Société Béninoise de Peinture et Colorants (SOBEPEC), la Société des Ciments du Bénin (SCB), etc.) , les usines de transformation des produits carnés et les laiteries. Les quantités et les caractéristiques des résidus qu'elles produisent varient et la pollution qu'elles engendrent doit être calculée cas par cas, spécialement du point de vue de la charge organique. Les rejets domestiques, de même que les activités agricoles et industrielles, peuvent constituer une source importante de matière organique (Hébert, S. et Ouellet, M., 2005).

1.1.2.3. Pollutions agricoles

Les pratiques agricoles sont vues comme la première source de pollution diffuse des eaux (PNE-Bénin, 2010). Les agriculteurs utilisent très souvent des produits chimiques (comme des engrais ou des pesticides) pour aider leurs cultures à pousser. Ainsi jusqu'au XIXe siècle la fertilisation des cultures se faisait à l'aide d'engrais organiques : fumiers de ferme, déjections avicoles, déjections humaines provenant des fosses d'aisance, compost obtenus à partir des déchets verts et agroalimentaires, enfin dans les régions littorales, algues récoltées sur les plages. Aussi nous avons l'apparition d'engrais du commerce. Les premiers furent des sels minéraux exploités dans des gisements naturels : potasse, nitrates et phosphates. Ensuite on assiste à l'utilisation des engrais chimiques composés chimiquement de phosphore, de potassium et de l'azote. Très solubles dans l'eau, les nitrates constituent aujourd'hui la cause majeure de pollution des grands réservoirs d'eau souterraine du globe qui par ailleurs présentent en général une qualité chimique et bactériologique satisfaisante pour l'alimentation.

L'essentiel de cette pollution est dû à la différence entre les apports en nitrates sous forme d'engrais et ce qui est réellement consommé par les plantes. La pollution par les nitrates est un problème complexe. Outre d'être des nutriments pour les plantes, les nitrates sont également consommés par les microorganismes (bactéries et champignons) présents dans la terre. Ils participent ainsi à la synthèse des matières organiques du sol qui stockent en leur sein l'azote contenu dans les nitrates qui n'ont pas été consommés dans l'année par les plantes, et ce jusqu'à leur mort. Leur décomposition par les bactéries libère alors l'azote qu'elles contiennent sous la forme de nitrates. Mais cette libération peut se produire à tout moment de l'année, notamment lorsque les plantes sont au repos et s'alimentent peu : dans ce cas, ne pouvant être consommés par ces dernières, les nitrates libérés sont lessivés par les eaux de ruissellement et d'infiltration. Les nitrates emportés par les eaux d'infiltration au cours d'une année ne proviennent donc que pour une faible part des engrais apportés cette même année. L'essentiel provient de la production de nitrates par la matière organique morte des sols, c'est-à-dire des nitrates épandus les années précédentes et stockés. À ceci s'ajoute parfois la lenteur de la progression de l'eau d'infiltration dans les sols. Chaque épandage contribue donc peu chaque année à la contamination des eaux, mais il y contribue durant de nombreuses années. D'année en année, ces contributions " retardées " s'additionnent les unes aux autres et les quantités de nitrates lessivés atteignant les nappes augmentent. C'est ainsi que la pollution actuelle des nappes souterraines provient de 20 à 30 années d'épandage d'engrais. Même si l'on arrêtait aujourd'hui de fertiliser les sols, il faudrait attendre plusieurs décennies avant de retrouver une situation normale.

L'utilisation massive de tous ces produits chimiques va engendrer des effets pervers, souvent désastreux surtout la pollution des eaux stagnantes par l'entrainement de ces polluants par l'eau de ruissellement. Le rôle de ces éléments azotées et phosphorées dans le contrôle de la production a été souligné par plusieurs études (Trinqier, 2009 ; Mama et al, 2011 ; Noumon et al, 2015 ; Tchakonté et al, 2015 et Zinsou et al, 2016). Ils sont à surveiller fortement car représentent des grands facteurs d'eutrophisation des cours et plans d'eau.

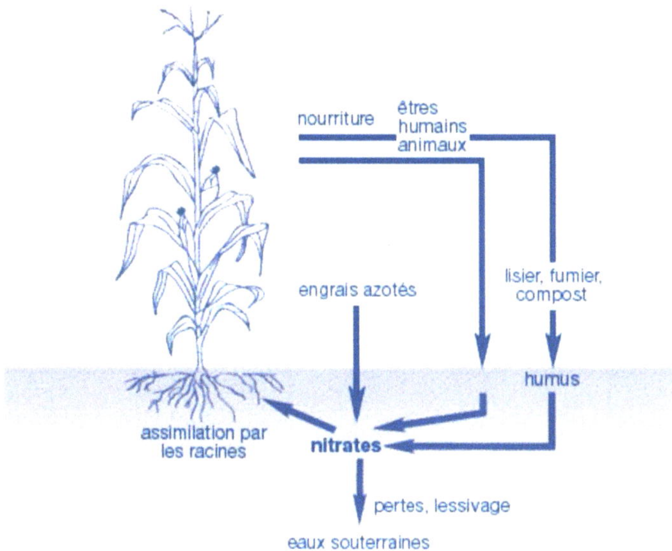

Figure 3 : Mécanisme de la pollution de l'eau par les nitrates

1.1.2.4. Pollutions thermiques

Des rejets d'eau existent pour certains établissements industriels et pour toutes les centrales thermiques. Le rejet thermique d'une centrale correspond à l'eau ayant permis le refroidissement et la condensation de la vapeur d'eau entrainant la turbine motrice de l'alternateur. Deux types de circuit de refroidissement existent.

☐ Le « circuit ouvert » est utilisé par les centrales installés au bord de mer ou sur un estuaire, pouvant prélever de grandes quantités d'eau dans le milieu aquatique, soit 50m3/s par réacteur de 1000MW. La centrale rejettera la même quantité d'eau, mais chaude (30° à 40°).

☐ Une centrale à « circuit fermé », dotée de tours réfrigérantes, prélève et rejette moins d'eau. L'eau chaude rejetée est d'environ 2,5m3/s par « tranche ». ·

Tout rejet thermique dans un milieu aquatique biotique a des répercussions sur la flore et la faune aquatique, même de faibles changements de température peuvent avoir des effets sur la faune aquatique, dont notamment sur des espèces plus sensibles, comme la truite (Hébert, S. et Légaré, S., 2000). L'élévation de la température fera diminuer l'oxygène dissous dans l'eau et induira un phénomène d'eutrophisation. Les organismes ayant besoin d'une eau suffisamment oxygénée et fraîche seront éliminés au profit d'espèces eutrophes tolérantes. La présence de sels minéraux (Phosphates, sulfates), eux aussi rejetés par la centrale va faire proliférer dans ces eaux tièdes, des algues et des micro-algues caractéristiques de l'eutrophisation (Ogutu – Ohwayo et al, 1997 ; Mama, 2011).

<u>CHAPITRE II :</u>

EAUX DE SURFACE ET IMPACTS DES POLLUTIONS

GENERALITE

La pollution de l'eau douce peut mettre en péril un grand nombre d'espèces animales et végétales. Ses impacts vont se répercuter dans tous les domaines de la vie et peuvent être évalués à deux niveaux : sur l'écosystème aquatique et sur l'homme. En effet, beaucoup d'espèces vivent dans les eaux stagnantes ou sur leurs berges. On peut par exemple y voir des poissons, des insectes, des oiseaux, des reptiles, des amphibiens (grenouilles), des végétaux... Toutes ces espèces sont menacées par la pollution. Ces conséquences sont dues à plusieurs sources de pollutions.

2.1. Impacts des pollutions agricoles

L'apport de phosphore est particulièrement dommageable dans les eaux stagnantes. Dans celles-ci comme dans l'agriculture, le phosphore et l'azote constituent les deux facteurs limitant de la croissance de la végétation. Cependant, l'azote et le phosphore ne se présentent pas dans l'eau dans les mêmes quantités et ont, dans l'eau, deux comportements différents. D'une part, l'azote se trouve en quantité illimitée dans l'air et peut être fixé directement par certains microorganismes lacustres, les cyanobactéries abondantes dans les milieux eutrophes, de telle sorte que, dans l'eau, le phosphore est le premier facteur limitant. Or, les eaux sont naturellement pauvres en phosphore, qui provient donc pour l'essentiel des apports extérieurs, notamment issus des rejets des eaux usées.

On distingue deux types de végétaux aquatiques : les plantes aquatiques, également appelées macrophytes, qui sont visibles à l'œil nu, qui comprennent des racines, des feuilles, parfois des fleurs, se développent en herbiers ; et les algues, également appelées micropyles, invisibles à l'œil nu, qui n'ont ni racine, ni feuille, qui sont fixées ou flottent librement dans l'eau. Dans ce dernier cas, elles portent le nom de phytoplancton, qui donne une couleur à l'eau et parmi lequel on distingue les cyanobactéries qui ont la particularité de fixer l'azote.

Ainsi, dans les eaux, le principal facteur limitant est le phosphore. Après un déversement de phosphore, les algues qui n'ont plus de facteur limitant peuvent donc se multiplier. Dans certains cas, le phytoplancton croît de façon explosive produisant des floraisons algales (le « bloom ») (MEF, 2013).

Trois processus interviennent alors. D'une part, la croissance et la destruction des algues consomment de l'oxygène, ce qui entraîne une acidification de l'eau et par voie de conséquence le relargage des matériaux piégés dans les sédiments du lac tels que le fer, le manganèse et le phosphore. D'autre part, la prolifération du phytoplancton va augmenter la consommation d'oxygène et la turbidité de l'eau. Les poissons vont dépérir faute d'oxygène entraînant une décomposition accélérée. Enfin, dans le même temps, l'azote n'est pas un facteur limitant qui limite la croissance des algues car cet obstacle est contourné par le développement du phytoplancton capable de fixer l'azote gazeux de l'atmosphère.

Ainsi le phosphore entraîne l'eutrophisation, c'est à dire « l'enrichissement de l'eau en éléments nutritifs, notamment en composés de l'azote et / ou du phosphore, provoquant un développement accéléré des algues et des végétaux d'espèces supérieures qui perturbe l'équilibre des organismes présents dans l'eau et entraîne une dégradation de la qualité de l'eau en question ». L'eutrophisation engendre une diminution des usages des plans d'eau (pêche, loisirs, eau potable), et la diminution de l'efficacité des traitements d'eau potable liée à la multiplication des matières en suspension et à la transformation des caractéristiques de l'eau (odeurs, goût). Elle est source de moustiques responsables du paludisme pour les quartiers qui bordent les plans d'eau (Mama, 2010).

La pollution des eaux par les nitrates présente un double risque. Ingérés en trop grande quantité, les nitrates ont des effets toxiques sur la santé humaine. Par ailleurs, ils contribuent avec les phosphates à modifier l'équilibre biologique des milieux aquatiques en provoquant des phénomènes d'eutrophisation (BE, 2012).

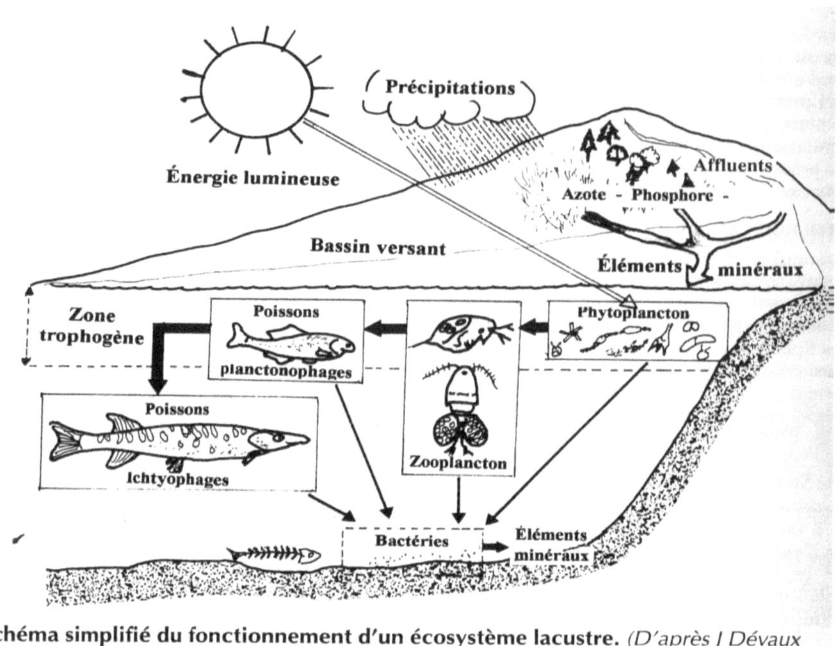

Schéma simplifié du fonctionnement d'un écosystème lacustre. *(D'après J Dévaux*

Figure 4: Pertubation de l'équilibre biologique par l'azote et le phosphore (MAMA, 2010)

2.2. Impacts des pollutions industrielles

Tout rejet thermique dans un milieu aquatique biotique a des répercussions sur la flore et la faune aquatique. L'élévation de la température fera diminuer l'oxygène dissout dans l'eau et induit un phénomène d'eutrophisation. Les organismes ayant besoin d'une eau suffisamment oxygéné et fraiche seront éliminés au profit d'espèces eutrophes tolérantes. La présence de sels minéraux (phosphates et sulfates) eux aussi rejetés par la centrale va faire proliférer dans ces eaux tièdes, des algues et des micro-algues caractéristique de l'eutrophisation. La cause principale de ce dernier est la forte teneur des eaux stagnantes en phosphore. Certains pays (Allemagne, Suisse) ont été plus vigilants à réduire les détergents phosphatés. Même moins nombreuses qu'avant, des quantités de phosphates continuent de se déverser dans les cours d'eau et plans d'eau. Très peu d'usines de traitement des eaux usées possèdent des installations de déphosphatation. La dégradation de la qualité des eaux des plans d'eaux a pour cause l'utilisation des engins et méthodes de pêches prohibées (Dèdjiho, 2014).

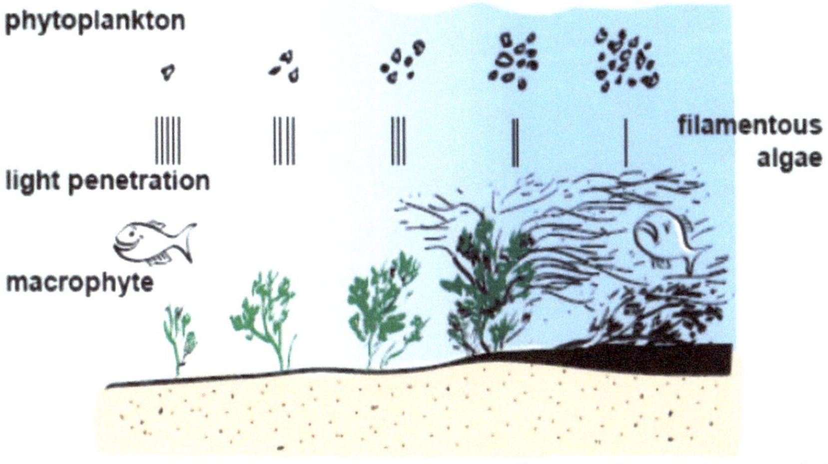

Figure 5 : Développent algal avec l'augmentation des nutriments (Eutrophisation et santé, 2003)

2.3. Impacts des pollutions domestiques

Les médicaments sont en effet des molécules biologiquement actives qui se caractérisent par une grande diversité de structure chimique. Qu'il s'agisse d'antibiotiques, d'hormones de synthèse, d'antidouleurs, d'antidépresseurs, de bêtabloquants ou de contraceptifs… ces substances sont rejetées quotidiennement dans les milieux aquatiques sous forme de résidus, lorsqu'ils ne sont pas totalement dégradés dans l'organisme (Eau secours, 2016). Présents dans les selles et les urines sous leur forme initiale ou de métabolites, ils finissent en doses plus ou moins concentrées dans les stations d'épuration qui, selon les scientifiques, ne constituent pas une barrière significative. On les retrouve donc immanquablement dans les réseaux d'eau potable où les organismes de gestion ne le recherchent pas dans leurs analyses, pour ne pas affoler les populations. Ces résidus sont pourtant soupçonnés d'être à l'origine, non seulement de diminutions importantes de la faune aquatique et d'une féminisation de certaines populations d'espèces animales mais également de désordres pour la santé humaine. Si la communauté scientifique travaille depuis longtemps sur la question des risques sanitaires, et notamment la dégradabilité, l'accumulation dans l'organisme, la persistance ou les effets conjugués de ces molécules résiduelles, elle ne peut quantifier précisément l'impact de cette forme de pollution sur l'espèce humaine.

Figure 6: Mort en masse des poissons sur le lac Toho

<u>CHAPITRE III :</u>

QUALITE DES EAUX

I- PRINCIPAUX PARAMETRES PHYSICO-CHIMIQUES ET CHIMIQUES

3.1. La température

La température de l'eau joue un rôle important par exemple en ce qui concerne la solubilité des sels et des gaz dont, entre autres, l'oxygène nécessaire à l'équilibre de la vie aquatique.

Elle influe sur beaucoup d'autres paramètres. C'est en premier lieu le cas pour l'oxygène dissous indispensable à la vie aquatique : Plus la température de l'eau s'élève, plus la quantité d'oxygène dissous diminue. Une température trop élevée des eaux d'un lac peut donc aboutir à des situations dramatiques de manque d'oxygène dissoute pouvant entraîner : la disparition de certaines espèces, la réduction de l'auto épuration, l'accumulation de dépôts nauséabonds (odeurs), la croissance accélérée des végétaux (dont les algues). Notons que les poissons ne peuvent survivre à des températures trop élevées.

3.2. Le pH

Le pH est une mesure de l'acidité de l'eau c'est-à-dire de la concentration en ions d'hydrogène ($H+$). L'échelle des pH s'étend en pratique de 0 (très acide) à 14 (très alcalin) ; la valeur médiane 7 correspond à une solution neutre à 25°C. Le pH d'une eau naturelle peut varier de 4 à 10 en fonction de la nature acide ou basique des terrains traversés. Des pH faibles (eaux acides) augmentent notamment le risque de présence de métaux sous une forme ionique plus toxique. Le pH varie légèrement selon la température. L'analyse doit donc s'effectuer à 25° C ou avec un pH-mètre avec compensateur automatique de température. Des pH élevés augmentent les concentrations d'ammoniac, toxique pour les poissons. Le pH est une variable-clé car il diminue avec l'acidification et augmente souvent avec l'eutrophisation (Moss et al, 2003).

3.3. La conductivité électrique

La conductivité électrique (EC) est une expression numérique de la capacité d'une solution à conduire le courant électrique. La plupart des sels minéraux en solution sont de bons conducteurs. Par contre, les composés organiques sont de mauvais conducteurs. La conductivité électrique standard s'exprime généralement en millisiemens par mètre (mS/m) à 20 °C. La conductivité d'une eau naturelle est comprise entre 50 et 1500 µS/cm.

L'estimation de la quantité totale de matières dissoutes peut être obtenue par la multiplication de la valeur de la conductivité par un facteur empirique dépendant de la nature des sels dissous et de la température de l'eau. La connaissance du contenu en sels dissous est importante dans la mesure où chaque organisme aquatique a des exigences propres en ce qui concerne ce paramètre. Les espèces aquatiques ne supportent généralement pas des variations importantes en sels dissous qui peuvent être observées par exemple en cas de déversements d'eaux usées.

3.4.　Le potentiel redox

Dans les systèmes aqueux, le potentiel redox (ou disponibilité en électrons) affecte les états d'oxydation des éléments (Hydrogène, Carbone, Azote, Oxygène, Souffre, Fer…). Dans une eau bien oxygénée, les conditions d'oxydation dominent. Quand les concentrations d'oxygène diminuent, le milieu devient plus réducteur ce qui se traduit par une réduction du potentiel redox. Dans les eaux naturelles, des comparaisons relatives de l'évolution du potentiel redox peuvent être utiles pour suivre les degrés de changement du système aquatique. Le potentiel redox se mesure en mv.

3.5.　L'oxygène dissous

Il est essentiel pour toutes les formes vivantes dans les milieux aquatiques, y compris les organismes responsables des processus de purification des eaux naturelles. Sa détermination est fondamentale dans l'évaluation de la qualité de l'eau puisque l'oxygène influence ou est impliqué dans tous les processus chimiques et biologiques dans les plans d'eau. Des concentrations inférieures à 5 mg/l peuvent compromettre le fonctionnement et la survie des communautés biologiques et au-dessous de 2mg·l-1 peuvent mener, par exemple, à la mort de la plupart des poissons. La mesure de ce paramètre peut être employée pour indiquer le degré de pollution par la matière organique, la destruction des substances organiques et le niveau de purification de l'eau (Chapman et Kimstach, 1996).

3.6.　La demande chimique en oxygène(DCO)

Elle correspond à la quantité d'oxygène nécessaire pour la dégradation par voie chimique, effectuée à l'aide d'un oxydant puissant, des composés organiques présents dans l'eau. Elle permet de mesurer la teneur en matières organiques totales (excepté quelques composés qui ne sont pas dégradés), y compris celles qui ne sont pas dégradables par les bactéries. Il s'agit donc d'un paramètre important permettant de caractériser la pollution globale d'une eau par des composés organiques. La différence entre la DCO et la DBO est due aux substances qui ne peuvent pas être décomposées biologiquement. Le rapport entre la DBO et la DCO constitue une mesure indicative de la « dégradabilité » biochimique des composés présents dans l'eau. Le rapport DCO/DBO évolue d'environ 2,5 (eau résiduaire récemment déversée) à 10-20 après décomposition totale (Lisec 2004). Dans ce dernier cas, on parle d'une eau bien minéralisée. Cependant, lorsque des composés toxiques sont présents, l'activité biologique est ralentie et, de ce fait, la quantité d'oxygène consommée après 5 jours est moindre. Ceci se traduit également par un rapport DCO/DBO élevé. La DBO et la DCO se mesurent en mg d'Oxygène par litre. Elle permet d'évaluer la quantité en matière organique présente dans l'eau.

3.7. Demande Biochimique en Oxygène(DBO)

La demande biochimique en oxygène (DBO) représente la quantité d'oxygène utilisée par les bactéries pour décomposer partiellement ou pour oxyder totalement les matières biochimiques oxydables présentes dans l'eau et qui constituent leur source de carbone (graisses, hydrates de carbone, tensioactifs, etc.). Ce prélèvement d'oxygène se fait au détriment des autres organismes vivants du milieu aquatique. En ce qui concerne les eaux domestiques, environ 70% des composés organiques sont généralement dégradés après 5 jours et la dégradation est pratiquement complète au bout de 20 jours. L'indicateur utilisé est généralement la DBO5 qui correspond à la quantité d'oxygène (exprimée en mg/l) nécessaire aux microorganismes décomposeurs pour dégrader et minéraliser en 5 jours la matière organique présente dans un litre d'eau polluée. Plus la DBO5 est élevée, plus la quantité de matières organiques présentes dans l'échantillon est élevée. Elle est une des méthodes permettant d'évaluer la quantité en matière organique présente dans l'eau. La DBO5 d'une eau de surface non polluée, varie normalement de 2 à 20 mg/l. Au-delà, on peut suspecter une pollution.

3.8. La turbidité

La transparence de l'eau ou profondeur Secchi (mesurée avec un Turbidimètre) diminue avec l'augmentation de la quantité d'algues dans le lac. Une importante turbidité de l'eau entraine une réduction de sa transparence qui réduit la pénétration du rayonnement solaire utile à la vie aquatique (photosynthèse).Les lacs eutrophes sont caractérisés par une faible transparence de l'eau.

3.9. Carbone organique dissous(COD)

Le COD permet d'estimer la teneur en matière organique dissoute dans l'eau. Dans des conditions naturelles, les acides fluviques et humiques peuvent constituer jusqu'à 80% du COD, lequel peut être utilisé comme une estimation de sa concentration (Chapman et Kimstach, 1996).

3.10. Les matières en suspension(MES)

Les matières en suspension comprennent toutes les matières minérales ou organiques qui ne se solubilisent pas dans l'eau. Elles incluent les argiles, les sables, les limons, les matières organiques et minérales de faible dimension, le plancton et autres micro-organismes de l'eau. La quantité de matières en suspension varie notamment selon les saisons et le régime d'écoulement des eaux. Ces matières affectent la transparence de l'eau et diminuent la pénétration de la lumière et, par suite, la photosynthèse. Elles peuvent également gêner la respiration des poissons. Par ailleurs, les matières en suspension peuvent accumuler des quantités élevées de matières toxiques (métaux, pesticides, huiles minérales, hydrocarbures aromatiques polycycliques…). Les matières en suspensions sont mesurées par filtration d'un litre d'eau et pesage des résidus séchés. Elles sont exprimées en mg/l.

3.11. Les substances eutrophisantes

Des éléments tels que l'azote (N) et le phosphore (P) constituent des éléments nutritifs (nutriments) indispensables aux végétaux. Les composés qui en contiennent comme les phosphates et les nitrates constituent dès lors des matières nutritives de choix pour les végétaux.

Des concentrations de nitrates et de phosphates trop importantes induisent le phénomène d'eutrophisation (étouffement de la vie aquatique). Ces substances sont normalement générées par la minéralisation de la matière organique. Toutefois, présentes en trop grande quantité suite à des rejets intempestifs, elles favorisent la prolifération d'algues et de micro-organismes photosynthétiques qui réduisent la pénétration de la lumière dans les couches d'eaux profondes. Si ces algues et microorganismes photosynthétiques produisent de l'oxygène le jour, ils en consomment la nuit et ces variations en concentration d'oxygène peuvent être fatales aux poissons. Par ailleurs, la décomposition des algues mortes induit également une consommation d'oxygène. Lorsque l'eau est trop peu oxygénée, les conditions d'anaérobiose risquent également de se traduire par une accumulation de composés ammoniaqués et de nitrites susceptibles d'intoxiquer la faune et la flore.

Les concentrations en nitrites (NO_2^-), nitrates (NO_3^-), ammoniac (NH_3) et ammonium (NH_4^+), phosphates (PO_4^{3-}), azote (N) et phosphore (P) sont dès lors des paramètres importants pour le suivi de la qualité des eaux de surface. L'azote « Kjeldahl » représente l'azote organique (ex. acides aminés, urée) et l'azote ammoniacal. Quant à l'azote « total », il correspond à la somme de l'azote organique, de l'azote ammoniacal, des nitrites et des nitrates. Les nitrites sont surtout nuisibles pour les jeunes poissons. On considère que la situation est très critique à partir d'une concentration de plus de 3 mg NO_2-/l (Lisec 2004).

Lorsque le pH augmente, on retrouve de l'ammoniac, un gaz soluble dans l'eau et toxique pour la vie aquatique. Des problèmes apparaissent à partir d'une concentration de 0,1 mg NH3/l (Lisec 2004). Des augmentations de pH peuvent se produire suite à des phénomènes d'eutrophisation ou par des rejets d'eaux usées alcalines (Lisec 2004). L'eutrophisation peut déjà se manifester à des concentrations relativement basses en phosphates (50 µg P/l).

- L'ammonium (NH_4^+) est naturellement présent dans les plans d'eau, il provient de la dégradation de l'azote organique et de la matière inorganique contenus dans les sols et l'eau, de l'excrétion des organismes vivants, de la réduction de l'azote dans l'eau par les micro-organismes et de l'échange gazeux avec l'atmosphère. Il peut également être relargué dans les eaux naturelles à partir de certains processus industriels (production de pâte à papier à partir d'ammonium) ou de déchets municipaux qui en contiennent des quantités importantes.

- Les orthophosphates (PO_4^{3-}) sont une forme de phosphore dissous. Les eaux domestiques (notamment celles contenant des détergents), les effluents industriels et les apports d'engrais agricoles contribuent à l'élévation de concentrations en orthophosphates dans les eaux de surface (Chapman et Kimstach, 1996).

- Le Phosphore Total (PT) est l'élément nutritif dont la teneur limite favorise habituellement la croissance des algues et des plantes aquatiques. Il y a un lien entre la concentration de phosphore, la productivité des cours d'eau et son niveau trophique. Les cours d'eau eutrophes ont une forte concentration de phosphore. Il peut être présent dans l'eau soit sous forme particulaire soit sous forme dissoute.

II-   Les métaux lourds

Le suivi des concentrations en métaux lourds est particulièrement important vu leur toxicité et leur capacité de bioaccumulation le long des chaînes alimentaires. Contrairement aux polluants organiques, les métaux ne peuvent pas être dégradés biologiquement ou chimiquement. Les concentrations en cuivre, nickel, chrome, plomb, zinc, cadmium, arsenic sont régulièrement mesurées. Les métaux lourds caractérisent certains types de pollution, comme par exemple :

- la présence de cuivre et de nickel signe des rejets provenant d'industries de traitement de surface des métaux ;

- le plomb est lié à des pollutions diffuses (apports dus aux transports routiers et à l'existence de sites industriels désaffectés) ; Dans les sols agricoles, il peut s'accumuler à la suite des épandages de lisiers de porcheries.

- le zinc est évacué par des industries qui pratiquent la galvanisation ou la préparation d'alliages tels que le laiton et le bronze, il est également libéré lors du contact entre les eaux de ruissellement et les matériaux galvanisés (toitures métalliques, gouttières) ;

- le cadmium provient des rejets industriels, des incinérations de déchets, de l'utilisation d'engrais... Extrêmement toxique. S'accumule dans les chaînes alimentaires et menace les prédateurs secondaires.

Les métaux lourds se dissolvent très bien dans une eau acide (pH faible). Dans des eaux neutres ou basiques, ils précipitent et s'accumulent principalement dans la phase solide (boues). L'analyse de ces boues permet ainsi d'obtenir une vue de l'ensemble des déversements en métaux lourds qui ont eu lieu, tant en nature qu'en quantité. De manière générale, les salmonidés (saumons, truites) sont très sensibles au cuivre et au zinc (épurer 2004).C'est dans le même cadre que les travaux de certains chercheurs montrent que les eaux, et les sédiments du lac Nokoué et du chenal de Cotonou sont contaminés par le cadmium, le cuivre, le zinc, le fer, le mercure et arsenic (Agonkpahoun, 2006 ; Lawani, 2007 ; Darboux, 2008).

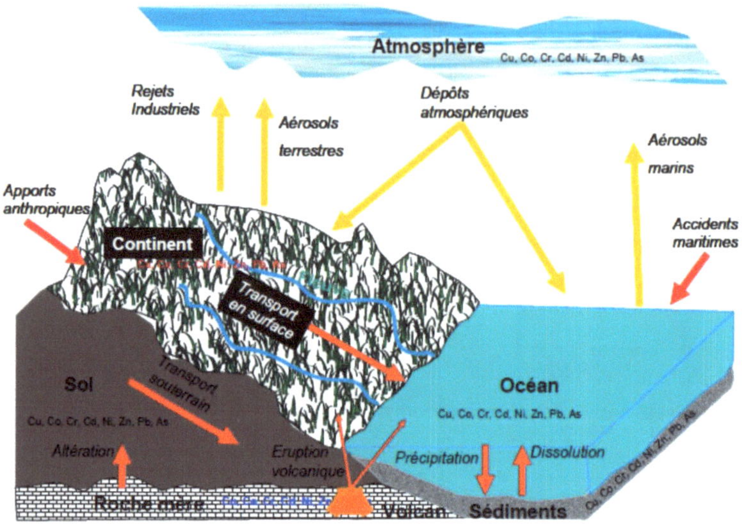

Figure 7: Description schématique du cycle des éléments traces dans l'environnement (N'Guessan Y. M., 2008).

III-   Les paramètres bactériologiques

Les analyses microbiologiques réalisées en laboratoire ont pour but de déceler et évaluer la présence dans les eaux de microbes pathogènes dangereux pour l'homme : eau potable, eaux de baignade, ...

Ces analyses reposent sur la recherche dans les eaux de bactéries indicatrices de leur éventuelle contamination fécale, les Escherichia coli (E. coli), les Entérocoques, les coliformes totaux, les coliformes fécaux, les anaérobies sulfito-réducteurs (ASR), et les streptocoques fécaux. Ces organismes, d'origine intestinale sont naturellement présents dans les déjections animales ou humaines qui via les déversements, eaux usées et épandages peuvent se retrouver dans l'eau. Les Entérocoques sont pathogènes de même que certains colibacilles. L'eau potable du robinet doit respecter les normes de qualité microbiologique.

IV-   La règlementation

Le Bénin dispose de mesures réglementaires intégrant les normes de qualité des eaux résiduaires, de l'hygiène publique et de la protection de l'environnement.

© *Loi N°90-30 du 11, Décembre 1990 portant Constitution de la République du Bénin*

Cette loi, en son Article 27 stipule que : « Toute personne a droit à un environnement sain, satisfaisant et durable et a le devoir de le défendre. L'Etat veille à la protection de l'environnement. ».

© *Loi-cadre sur l'environnement (loi n° 98 - 030 du 12 février 1999)*

La loi-cadre a préconisé un système de protection de l'environnement par secteur. Il s'agit là, de l'ébauche de ce qu'on peut appeler un droit sectoriel de l'environnement qui se présente comme suit :

☐ Droit du sol et du sous-sol (articles 18 à 22) ;

☐ Droit des eaux continentales et maritimes (articles 23 à 44) ;

☐ Droit de la pollution et nuisances, qui concerne l'air, les déchets, les installations et établissements classés, les substances chimiques nocives ou dangereuses, le bruit. Il présente entre autres les définitions terminologiques, les exigences et normes de qualité, les études d'impact, l'exigence de réaliser un audit environnemental, le régime des sanctions, etc. (articles 45, 46, 47, 48, 65 à 86) ;

☐ Droit de conservation de la nature et de l'environnement urbain (articles 49 à 64).

© *Décret n°2001-094 du 20 février 2001 portant Eau Potable en République du Bénin*

Ce décret comporte trois chapitres subdivisés en 37 articles. Son article 17 traite des normes physiques et chimiques à respecter pour une eau de boisson. Il fixe la valeur maximale permise pour la turbidité, les paramètres chimiques inorganiques, les paramètres chimiques organiques, les paramètres chimiques désinfectants et sous-produits de désinfection et les, paramètres radiologiques et enfin, les paramètres physico-chimiques.

© *Décret n°2001-109 du 4 avril 2001 fixant les Normes de Qualité des Eaux Résiduaires en République du Benin*

Ce décret comporte cinq chapitres subdivisés en 42 articles. Les chapitres 3 et 4 traitent respectivement du Rejet des Eaux Usées Industrielles et du Rejet des Eaux Usées Domestiques

<u>CHAPITRE IV :</u>

PROTECTION CONTRE DES POLLUTIONS CHIMIQUES DU LAC TOHO SITUE AU SUD-BENIN, AFRIQUE DE L'OUEST

Situation géographique du lac Toho

La République du Bénin est un pays d'Afrique de l'Ouest située dans la zone intertropicale, entre les parallèles 6°30 et 12°30 Nord et les méridiens 1° et 3°40 Est (Adam et al, 1993). Elle est limitée au Nord par le Niger, au Nord-Ouest par le Burkina-Faso, au Sud par l'océan Atlantique, à l'Ouest par le Togo et à l'Est par la république fédérale du Nigéria. Elle couvre une superficie de 112 622 km².

La zone d'étude couvre la commune d'Athiémé, de Lokossa et de Houéyogbé. La zone d'étude concerne le lac Toho situé entre le plateau d'Agamé et le Nord-ouest du plateau de Bopa, le lac Toho s'étend en moyenne pendant les basses eaux du 6°35 au 6°40 latitude Nord, de 1°45 au 1°50 Longitude Est. D'une superficie de 9.6km2 à l'étiage et de 15Km2 en période de crue. Il a en moyenne 7Km de longueur, 2.5km de largeur méridionale et environ 500m de largeur septentrionale (Ahouansou- montcho, 2003).Il a la forme d'un croissant orienté Sud-Nord et est entouré de trois arrondissements : Kpinnou dans la commune d'Athiémé, Zoungbonou dans la commune de Houéyogbé et Houin dans la commune de Lokossa.

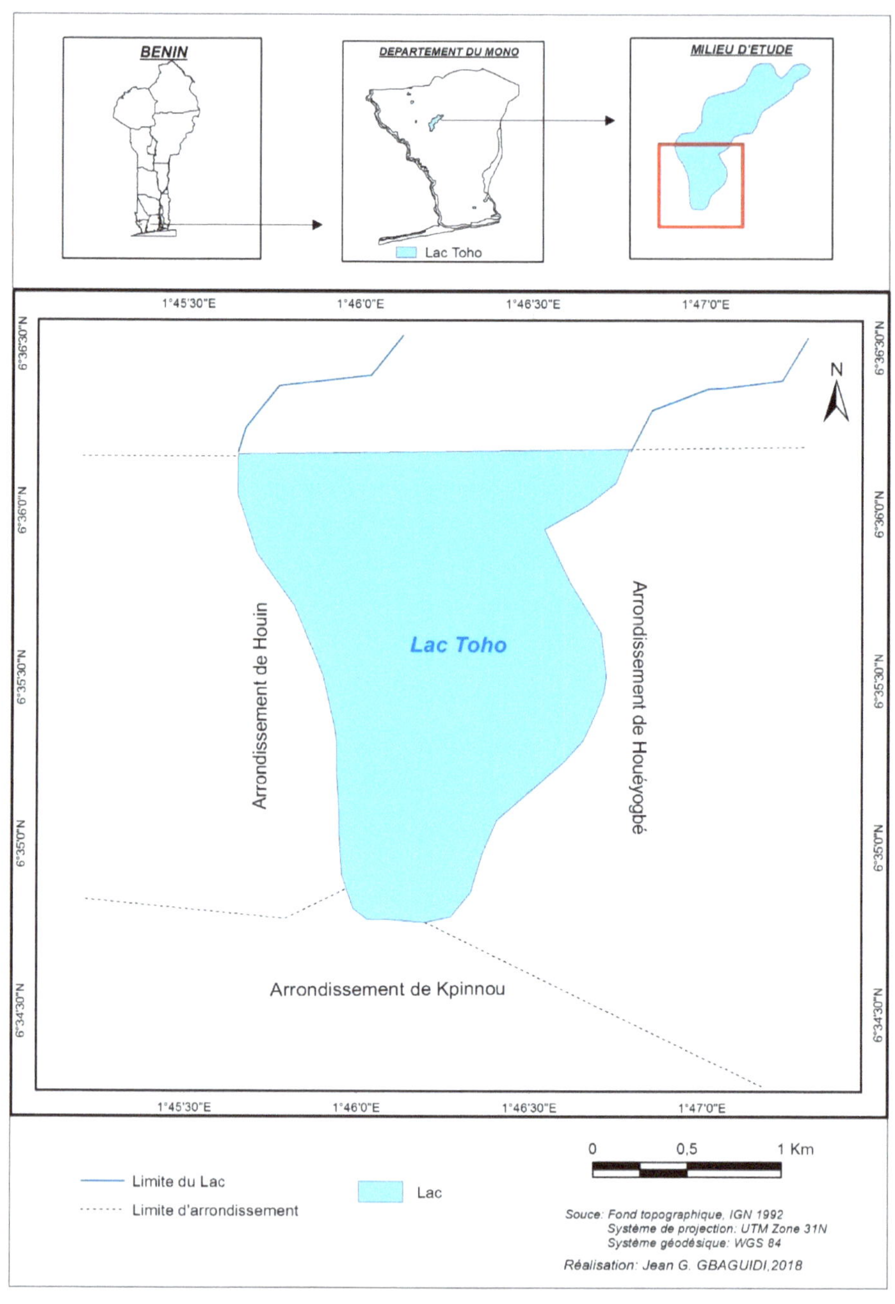

Figure 8: Carte de la situation géographique de la zone d'études

4.1. Géomorphologie et géologie

La zone d'étude est située dans la vallée du fleuve Mono et dans la dépression de la Lama. C'est une zone d'altitude relativement basse encaissée entre les plateaux. Le relief de la zone est monotone à plat, érodé par endroits. Il est marqué par de nombreuses dépressions et des bancs (cordons) de sables et de grès. Ces dépressions constituent des bassins versants ou des vallées (Djenontin, 2006).

Les formations géologiques de cette zone d'étude sont constituées des dépôts alluvionnaires formés de sables, d'argiles avec gravier subordonnés et niveaux charbonneux. On rencontre aussi des marnes, calcaires et des dépôts sublittoraux internes à barres sous-marines. Les argiles à kaolinites et/ou attapulgites parfois marneuse à minces passées carbonatées bioclastiques et pélitiques-psammitiques, dépôts sublittoraux intermédiaires-externes de l'unité IIIa sont aussi rencontrées (Notice explicative de la carte géologique à 1/200000, feuille Lokossa-Porto-Novo ; 1989).

4.2. Végétation

La végétation dense originelle a presque disparu et a fait place à des plantations de palmiers à huile et d'arbustes. Cependant il existe par endroit quelques reliques de forêts faites de teck, de caïlcedrat, d'eucalyptus, etc. Certaines essences forestières telles que : Iroko, Sambas, Fromager, Pommier, Acacia se font de plus en plus rares dans la commune (Djenontin, 2006).

4.3. Climat et hydrographie

Le climat de la zone est de type subéquatorial (Djenontin, 2006). On distingue deux saisons pluvieuses alternées par deux saisons sèches : une grande saison pluvieuse de mars à juillet ; une petite saison sèche de juillet à août ; une petite saison pluvieuse d'août à novembre; une grande saison sèche de novembre à mars (Djenontin, 2006).

Le fleuve Mono constitue le principal cours d'eau muni d'une large vallée et de bassins versants qui irrigue la quasi-totalité des villages de la Commune. Il est complété par le fleuve Sazué et les lacs Toho, Godogba et Djèto. Ces derniers sont également munis de bassins versants. Le lac Toho notre zone d'étude a plusieurs tributaires dont les plus importants sont le Diko et l'Akpatohoun.Le chenal de Kpacohadji joue à la fois les rôles de tributaire et d'exutoire. Un écoulement du lac Toho vers le Sazué s'effectue par le chenal de kpacohadji et celui de kpinnou. Si du Mono, la Sazué ne reçoit pas beaucoup d'eau, le niveau du lac alimenté par le

Diko et l'Akpatohoun devient supérieur à celui à celui de la Sazué, ainsi le lac fournit de l'eau à cette dernière. Suivant la piste reliant Kpinnou à Don Agbodougbé, le chenal de Kpacohadji coule de l'eau dans des formations alluvionnaires et va communiquer avec la Sazué à environ 800m de la route Bitumée (Ahouansou -montcho, 2003).

4.4. Types de sols et occupation des terres

La pédologie de la zone d'étude montre un sol hydromorphe. C'est un sol de couleur noire composée en grande partie d'argiles gonflantes (les vertisols) et qui comporte des galets quartzeux par endroits (Canal-Eau, 2015). Ils s'engorgent d'eau en saison pluvieuse et sont inondés pour la plupart par les eaux de crue. Ils sont très riches et favorables aux cultures de contre saison et de décrue (Bénin Consulting Group, 2011). Ils sont très riches et favorables aux cultures de contre saison et de décrue (Djenontin, 2006).

L'agriculture, l'élevage et la pêche, le commerce, l'artisanat, l'exploitation de bois de feu et la transformation de produits sont les principales activités de production. L'agriculture emblave une superficie de l'ordre de 10483 ha soit 47, 65% de l'étendue de la commune. Les principales cultures de cette commune sont le maïs, le manioc, les cultures maraîchères (gombo, piment, tomate, légumes feuilles) et la canne à sucre (Djenontin ,2006).

4.5. ETAT QUALITATIF ACTUEL DES EAUX DU LAC TOHO
4.5.1. Qualité physico-chimiques de l'eau du lac Toho

Le tableau VII présente les tests de conformité de moyenne testant l'état des eaux par rapport aux paramètres physico-chimiques considérant les valeurs limites. Il indique des différences statistiquement significative (p<0.05) de valeurs limites pour les paramètres que sont : la conductivité électrique (355.25µs/cm), la température (32.33°C), la salinité (0,18g/l) la DBO (21.5 mgO$_2$/l), et la DCO (149,39 mgO$_2$/l, le TDS (180,25mg/l) et la turbidité (33,78 NTU) (Tableau VIII).

Tableau VII: Résultats des tests de conformité de moyenne testant l'état des eaux par rapport aux paramètres physico-chimiques

Composés	Statistiques	
	Valeur de t	Prob
pH (Potentiel d'Hydrogène)	0,14	0,897
TDS	-89,04	0,0003
Oxygène dissous	-0,2	0,854
Turbidité	-16,44	0.00005
Conductivité Electrique (CE)	-71,82	0,00005
Salinité	-37,77	0,00004
Température	15,08	0,0006
DBO	5,69	0,011
DCO	9,65	0,002

Tableau VIII : Statistiques descriptives (moyennes et erreurs types) des paramètres physico-chimiques

Composés	Moyenne	Erreur type	Minimum	Maximum
pH	7,94	0,46	7,02	8,96
CE	355,25	2,02	352,00	361,00
Température	32,33	0,29	31,50	32,80
Turbidité	33,78	2,21	28,30	37,40
TDS	180,25	3,59	176,00	191,00
O2_dissous	4,95	0,25	4,40	5,60
Salinité	0,18	0,01	0,16	0,20
DBO	21,50	2,02	18,00	27,00
DCO	149,39	11,34	128,13	176,61

4.5.2. Les polluants eutrophisants du lac Toho

Le tableau IX présente les résultats des tests de conformité de moyenne de l'état des eaux par rapport aux polluants eutrophisants considérant les valeurs limite. Ces tests indiquent des différences statistiquement significatives ($p < 0.05$) de valeurs limites pour les paramètres que sont : l'azote en ammonium ($N\text{-}NH_4$: 0,47mg/l), l'azote en nitrate ($N\text{-}NO_3$: 0,18mg/l), l'azote

Kjedhal NTK (0,80mg/l) ,l'orthophosphate (0,05mg/l), et le Phosphore total (2.06mg/l) (Tableau X).

Tableau IX: Résultats des tests de conformité de moyenne testant l'état des eaux par rapport aux polluants du lac.

Composés	Statistiques	
	Valeur de t	Prob
$N-NH_4$	8,67	0,003
$N-NO_2$	2,42	0,094
NTK	-7,87	0,004
$N-NO_3$	6,6	0,007
Phosphore total	3,46	0,040
Orthophosphate	--6,33	0,008

Tableau *X* : Statistiques descriptives (moyennes et erreurs types) des polluants du lac.

Composés	Moyenne	Erreur type	Minimum	Maximum
$N-NO_3$	0,18	0,03	0,10	0,20
$N-NO_2$	0,17	0,07	0,08	0,36
$N-NH_4$	0,47	0,05	0,33	0,58
Azote Total -NTK	0,80	0,41	0,12	1,93
Orthophosphate	0,05	0,01	0,03	0,06
Phosphore	2,06	0,45	1,31	3,37

4.5.3. Analyses en composantes principales (ACP) des paramètres physico-chimiques du lac Toho

Les résultats des analyses en composantes principales (ACP) ont indiqué que les deux premiers axes expliquent 84,91% des informations de départ, ce qui est suffisant pour garantir une précision dans les interprétations.

Le tableau XI présentant les coefficients de corrélation entre les paramètres physico-chimiques et les principaux axes composants indique d'une part une forte corrélation positive entre le premier axe (axe 1), le PH, CE, TDS, N-NO2 et la DBO. D'autre part, il indique une forte corrélation et négative entre le premier axe, la température, la turbidité, le N-NH3 et l'Azote NTK. Le côté positif de l'axe1 montre ainsi que l'eau présentant un pH élevé présente une DBO, une conductivité électrique, des teneurs de TDS et de N-NO2 élevée par opposition au côté négatif qui indique que l'eau ayant une température élevée présente présente une forte teneur en N-NH3 et l'Azote NTK.

Par ailleurs, le tableau indique une forte corrélation et positive entre l'axe2, l'oxygène dissous, la salinité, la concentration en orthophosphate et la DCO. Par contre, il a indiqué une forte corrélation et négative entre le même axe, le N-NO3 et le Phosphore. Le côté positif de l'axe2 montre que l'eau présentant une DCO élevée présente également des concentrations élevées en l'oxygène dissous, en salinité, et en orthophosphate. Par contre le côté négatif de l'axze2 montre que l'eau ayant une teneur élevée en Azote en nitrate présente également une teneur élevée en Phosphore.

De tout ce qui précède, Il ressort que l'eau ayant un pH élevé présente aussi de forte teneur en TDS en N-NO2 en oxygène dissous, en salinité, en orthophosphate, en DCO, une DBO, et en conductivité électrique tandis que l'eau ayant une température élevée présente une forte teneur en N-NH3 en Azote NTK en N-NO3 en Phosphore.

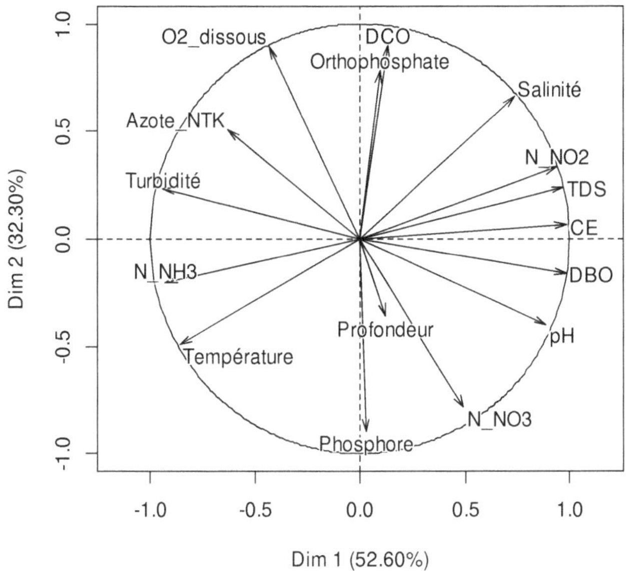

Figure 9: Corrélation entres les paramètres physico-chimiques et les principaux axes

Tableau XI : Coefficients de corrélation entre les paramètres physico-chimiques et les principaux axes composants

Paramètres physico-chimiques	Axe 1	Axe 2
PH	0,89	-0,40
Conductivité électrique (CE)	0,98	0,06
Température	-0,86	-0,49
Turbidité	-0,94	0,23
Solides Totaux Dissous (TDS)	0,97	0,24
Oxygène dissous	-0,43	0,89
Salinité	0,73	0,66
Azote en nitrate (N-NO3)	0,49	-0,78
Azote en nitrite (N-NO2)	0,94	0,33
Azote ammoniacal (N-NH3)	-0,93	-0,20
Azote NTK	-0,63	0,51
Orthophosphate	0,09	0,78
Phosphore	0,03	-0,90
DBO	0,98	-0,16
DCO	0,13	0,90
Profondeur	0,12	-0,36

4.6. Qualité bactériologique de l'eau du lac Toho

Le test d'indépendance de chi-deux a indiqué qu'il existe une relation de dépendance (x-carré = 1417.6, ddl = 9, p-value < 000) entre les indicateurs spécifiques de pollution et la station.

La figure9 présente le graphe traduisant la variation du nombre des indicateurs de pollution suivant les stations.

De l'analyse de ce graphe les indicateurs de pollution sont présents dans toutes les stations. Un nombre élevé des quatre micro-organismes est observée au niveau de la station de Kpinnou3.Soient:3300UFC/100ml d'Escherichia Coli très supérieur à la valeur limite : 20UFC/100ml (Le décret n° 2-97-787 du 4 février 1998, Maroc). Avcc cc résultat nous pouvons affirmer sans doute que la station de Kpinnou3 subi une pollution d'origine fécale. La forte présence des Escherichia Coli signifie que cette pollution est récente ; 2180UFC/100ml d'Entérocoques fécaux ; 9180UFC/100ml de Coliformes fécaux dont la valeur limite est

14UFC/100ml (U.S.EPA, 1987) et de 11500UFC/100ml de sulfito Réducteurs. Donc nous pouvons conclure que la station de Pkinnou3 est sous l'influence d'une pollution d'origine fécale. On note également une forte proportion de Coliformes fécaux et de Sulfito Réducteurs soit respectivement 3760UFC/100ml de Coliformes fécaux et 320UFC/100ml et de Sulfito Réducteurs (1020UFC/ml) à Houin. Toutes ces deux valeurs supérieures à la valeur Norme des eaux de surface indiquent que la station de Houin est polluée et continue d'être contaminée par des polluants d'origine fécale car cela est signalé par la présence des Escherichia Coli. Un nombre relativement élevé de Sulfito Réducteurs et de coliformes fécaux est observée à Kpinnou2, soit 15500UFC/ml de Sulfito Réducteurs et 340UFC/ml de Coliformes fécaux. La valeur de Coliformes fécaux obtenue est supérieure à la valeur Norme des eaux de surface pour la vie aquatique ; donc la station de Kpinnou2 est contaminée par les contaminants d'origine fécale. Cette pollution n'est pas une pollution récente car on note l'absence des Escherichia Coli au niveau de cette station. La station de Kpinnou3 est située non loin de rive du lac donc cela explique la fréquente élevée des Escherichia Coli. Le lac Toho est contaminé par les polluants d'origine fécale.

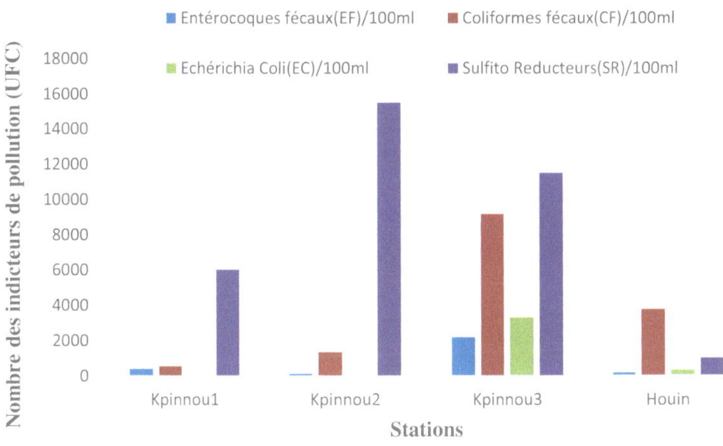

Figure 10: Variation du nombre des indicateurs de pollution suivant les stations

4.7. Qualité chimique des sédiments du lac Toho

Le tableau IX présentant les résultats des tests de kruskal wallis testant la variabilité de la concentration médiane des métaux lourds dans les sédiments suivant les stations indiquent une différence statistiquement significative ($p<0.05$) d'une station à une autre.

 Du graphe (a) présentant les concentrations médianes en Plomb au niveau de chaque station, on constate que cette concentration est élevée au niveau de toutes les stations dont la plus petite valeur est 37mg/kg. Les plus fortes concentrations sont obtenus à Houin (60,75mg/kg) et à Kpinnou3 (50.5mg/kg) et à Kpinnou2 (49.90mg/kg).Ces fortes valeurs indique une pollution des sédiments. Ce polluant provient des sources anthropiques que sont des déchets solides ménagers et l'usage des engrais chimiques.

Le graphe (b) présente la concentration en Cadmium. La plus forte concentration (7mg/kg) est obtenue à Houin .La plus faible concentration 1.5mg/kg est obtenue à Kpinnou2 et Kpinnou3.

Le graphe (c) montre la concentration en Zinc. On obtient une forte concentration en Zinc est supérieur à 50mg/kg au niveau des quatre stations. La plus forte concentration est obtenue à Kpinnou2 (.340mg/kg).

Le graphe (d) présente la concentration en cuivre. De l'analyse de ce graphe la plus forte concentration (2100mg/kg)   est obtenue à Kpinnou1. Notons que la plus petite valeur (420mg/kg) est obtenue à Kpinnou3.

Tableau *XII*: Résultats des tests de kruskal wallis testant la variabilité de la concentration médiane des matériaux lourds dans les sédiments suivant les stations

Matériaux	Statistiques		
	Ddl	x-carré	Prob
Plomb	3	40	0,000
Cuivre	3	40	0,000
Zinc	3	40	0,000
Cadmium	3	40	0,000

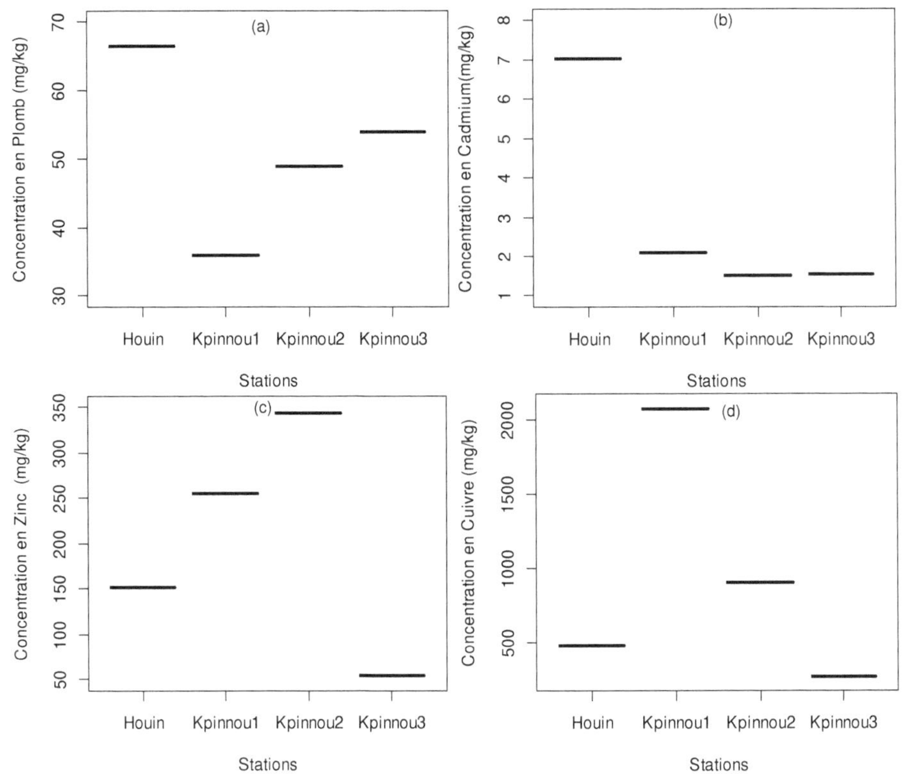

Figure 11: Boites à moustaches présentant les concentrations médianes des métaux lourds dans les sédiments.

4.8.   Qualité chimique des poissons (*Oreochromis aureus*) du lac Toho.

Le tableau X présentant les résultats des tests de kruskal wallis testant la variabilité de la concentration médiane des métaux lourds dans la chair des poissons   suivant les stations indiquent une différence statistiquement significative ($p < 0.05$) d'une station à une autre.

Le graphe (a) présentant la concentration médiane en Plomb dans la chair des poissons montre une forte concentration en Plomb au niveau des stations de Houin (8.25mg/Kg) et de Kpinnou3 (6.5mg/kg). La plus faible concentration (2.25mg/kg) est obtenue à Kpinnou2.

Le graphe (b) présente la concentration médiane en cadmium. De l'analyse de ce graphe La plus forte concentration en cadmium est obtenue à kpinnou2 (32.25mg/kg) et à Kpinnou3 (30mg/kg). La plus faible concentration (1.25mg/kg) est obtenue à Houin.

Du graphe (c) présentant la concentration médiane en zinc dans la chair des poissons, Une forte concentration (90.75mg/kg)   est obtenue à Kpinnou1.La plus faible concentration médiane (40.25mg/kg) est à Houin.

Le graphe (d) présentant la concentration médiane en cuivre montre une forte concentration à Kpinnou1 (115mg/kg) et à Houin (95mg/kg). La plus faible concentration (30mg/kg) est obtenue à Kpinnou2.

Tableau *XIII*: Résultats des tests de kruskal wallis testant la variabilité de la concentration médiane des matériaux lourds dans la chair des poissons suivant les stations

Matériaux	Statistiques		
	Ddl	x-carré	Prob
Plomb	3	39	0,000
Cuivre	3	39	0,000
Zinc	3	39	0,000
Cadmium	3	39	0,000

Ddl= Degré de liberté, Prob= Probabilité de significativité à 5%.

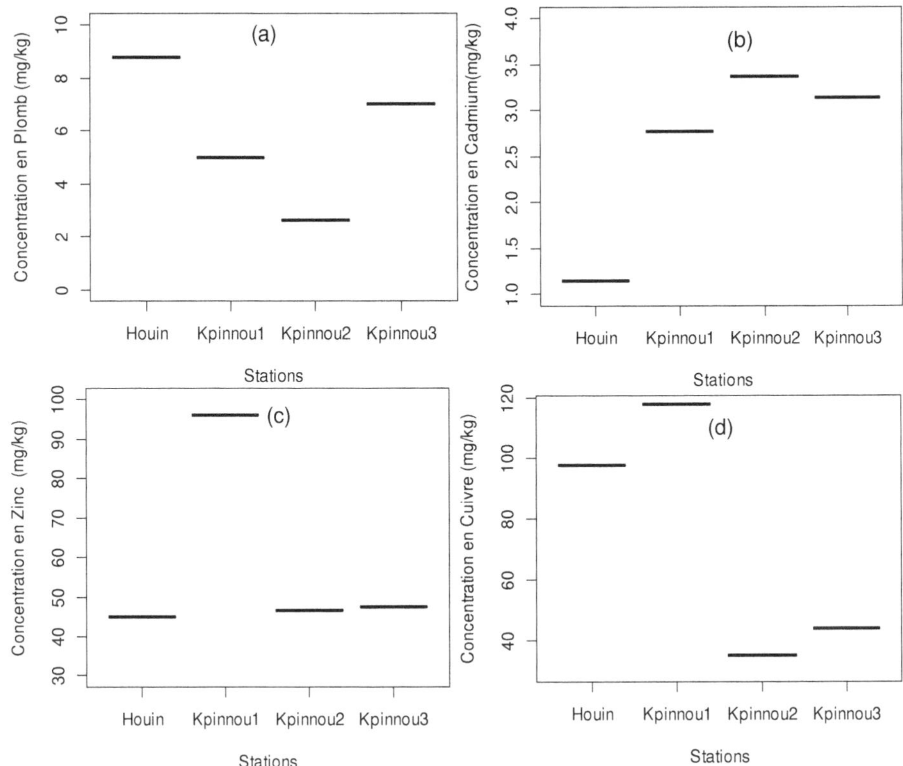

Figure 12: Boites à moustaches présentant les concentrations médianes des métaux lourds dans la chair des poissons

4.9. Avis scientifiques sur l'état qualitatif de l'eau, des sédiments et des poissons du lac Toho

Les produits chimiques libérés dans l'environnement sous l'effet de processus naturels ou par suite d'activités anthropiques peuvent pénétrer dans les écosystèmes aquatiques et s'intégrer dans les matières en suspension, ce qui représente un énorme danger pour les organismes aquatiques (Noumon et al. 2015). La valeur moyenne de la température : 32.33°C (Tableau8), est semblable à celles de Dèdjiho (2011) et Poumognon (1998) qui sont d'avis que les températures comprises entre 24 à 35°C sont favorables à une bonne croissance des espèces piscicoles couramment élevées. Egan et Boyd (1997) rapporté par Abou (2001) trouvent qu'une température de 28 à 32°C est optimale pour la Croissance des tilapias. En outre la conductivité électrique a une valeur moyenne de 355,25µs/cm. Cette valeur est largement inférieure à celles trouvées par Dimon et al (2014) et Koudenoukpo, (2017). Le lac est moyennement minéralisé et est poche de la valeur limite de l'OMS. La valeur moyenne des TDS (180.25mg/l) mesurés est en corrélation avec la valeur moyenne de la conductivité électrique. Les TDS renseignent sur la teneur en sels de l'eau. Cette valeur diffère de celles trouvées par Dovonou et al (2011). La valeur moyenne (0.18mg/l) des salinités est en dessous de la valeur limite de l'OMS pour l'aquaculture. La salinité est faible à cause de la période de crue car les prélèvements ont été faits après une semaine de pluie. Par ailleurs la valeur moyenne de la DBO (21.5 mgO$_2$/l) est au-dessous de la norme internationale à la valeur norme (25mg/l) recommandé pour la vie aquatique. Alors le lac Toho n'est pas trop pollué par des matières biochimiques oxydables. Ceci est confirmé par la disponibilité de l'oxygène dissous dans le lac. Les valeurs de la DCO indiquent une valeur moyenne (149,39 mg/l) supérieur à la norme française qui recommande une valeur limite de 40mg/l. Il ressort que le lac est trop riche en matières organiques. Cette forte charge s'explique par les branches d'arbres et les acadjas utilisés pour la pêche. La valeur moyenne de l'azote en nitrates mesuré (0,18 mg/l) dépasse la norme admise (0,01mg/l) par la norme française. Ceci montre que le lac est pollué par les déjections humaines ou animales, les engrais et les rejets d'eaux usée qui sont concentrés en nitrate. Cette valeur diffère de celle trouvé par Koudenoukpo en 2017 dans la rivière sô et par (Dimon et al ,2014) avec 3mg/l de nitrate sur le lac Ahémé .En outre la valeur moyenne des concentrations de l'azote ammoniacale mesurées est au-dessus de la norme française qui a fixé une valeur de 0.02mg/l pour les eaux douce pour l'aquaculture. Il ressort donc que le lac Toho est pollué par l'azote ammoniacal. Par ailleurs la teneur moyenne en phosphore total et en orthophosphate est respectivement 2,06mg/l et 0,05mg/l. Ces valeurs sont élevées lorsqu'on se réfère à la norme française qui admet une valeur de 1mg/l pour le phosphore total et 0,1 mg/l pour l'orthophosphate. Alors le lac Toho est pollué par le phosphore, cause d'eutrophisation et d'étouffement de la vie aquatique suite à sa combinaison avec l'azote en nitrate. La forte proportion des Escherichia coli et des coliformes fécaux montre que le lac Toho est contaminé par la matière fécale. La présence des Escherichia coli traduit une pollution récente qui pourrait être dû à l'absence des ouvrages d'assainissement (latrines et aux activités anthropiques).

Le résultat du dosage des métaux lourds contenus dans les sédiments prélevés dans le lac Toho se présente comme suit : 60,75 mg/Kg pour le plomb ; 340 mg/Kg pour le zinc, 7 mg/Kg pour le cadmium et 2100mg/kg de cuivre. En comparaison avec les résultats obtenus par d'autres auteurs, ils diffèrent de ceux trouvés par Dimon et al, 2014 sur le lac Ahémé: 26

mg/Kg pour le plomb ; 170 mg/Kg pour le zinc et par Chouti et al ; 2011 dans la lagune de Porto-Novo : 5.65mg/kg de Plomb, 0.16mg/kg pour le cuivre et 7mg/kg pour le zinc. Ces fortes doses de métaux lourds obtenus dans les sédiments sont d'origine anthropique. Les engrais phosphatés employés, les accumulateurs et piles transportés par l'eau de ruissellement se retrouvent dans l'écosystème aquatique puis les métaux lourds contenus dans ces éléments seront libérés et s'intégrés dans les matières en suspension. Les métaux lourds se dissolvent très bien dans une eau acide (pH faible). Dans des eaux neutres ou basiques, ils précipitent et s'accumulent principalement dans la phase solide (sédiment). Ils vont se déposer sur les substrats de fonds et à la longue vont s'incorporer dans les sédiments. Ces derniers peuvent donc constituer par le phénomène de relargage une source endogène de pollution des plans d'eau. C'est dans le même cadre que les travaux de certains chercheurs montrent que les eaux, et les sédiments du lac Nokoué , du lac Ahémé , de la lagune de Porto-Novo et du chenal de Cotonou sont contaminés par le cadmium, le cuivre, le zinc, le fer, le mercure et arsenic (Agonkpahoun, 2006 ; Lawani, 2007 ; Darboux, 2008, Chouti, 2011, Dimon, 2014) et ont démontré que ces métaux lourds ont des répercussions sur l'écosystème aquatique et la santé humaine. La diminution de l'abondance des invertébrés benthiques et de la fécondation, l'accroissement de la mortalité, la létalité, des modifications comportementales, le développement anormal dans les premiers stades de la vie des organismes benthiques, selon Environnement Canada sont des effets biologiques néfastes des métaux lourds.

Par ailleurs, les teneurs des métaux lourds présentées en mg/kg du poids sec dans la chair des poissons prélevés dans le lac Toho se présentent comme suit : 32,25mg/kg pour le cadmium, 115mg/kg pour le cuivre, 8,25mg/kg pour le plomb et 90,75mg/kg pour le zinc. Ces teneurs comparées aux règlements européen de l'AIEA. (Agence International de l'Energie Atomique) qui recommandent une valeur limite de 0,18mg/kg de cadmium, 3.28mg/kg de cuivre 0,12mg/kg de plomb et 67,1mg/kg de zinc montre que la teneur de cadmium, de cuivre, de zinc et de plomb dans la chair des poissons du lac Toho sont largement supérieure à la norme. Il ressort donc que les poissons du lac Toho sont pollués par le cadmium, le cuivre, le plomb et le zinc. Nos résultats diffèrent des teneurs obtenues par Lafendi dans la chair des crevettes importés de chine et vendu à Tlemcen (Zn :0,38mg/kg, Cd : 0,012mg/kg, Zn :0,47mg/kg et Cu :0,019mg/kg) (Lafendi, 2017) et Ouro-Salim en 2004 dans le surnageant des déchets boueux (cadmium : 0,064 µg/l, plomb : 0,5 µg/l) (Ouro-Salim, 2004) puis par Lanouayi dans les eaux de surface de Hahotoé-Kpoagamé au sud Togo (cadmium :

11,17µg/l, plomb : 41,56µg/l, cuivre : 21,35mg/l) (Lanouayi, 2015). La forte concentration des métaux lourds contenue dans la chair des poissons du lac Toho, par le phénomène de bioaccumulation peut se retrouver en quantité importante dans l'organisme humain, ce qui sans doute a des effets indésirables sur la santé. C'est dans la même vision que les travaux de certains chercheurs montrent que le plomb et le cadmium sont les éléments traces les plus toxiques pour l'homme (Testud, 2005). Le plomb a pour cible majeure le système nerveux et les reins. Il présente également une toxicité hématologique dont l'anémie est la principale manifestation. Les effets neurotoxiques (saturnisme) restent les plus préoccupants. Le cadmium n'est pas un élément essentiel au métabolisme chez l'homme car il n'a aucune fonction connue dans le corps humain (Miquel, 2001). Les effets toxiques du cadmium sont nombreux, mais les principales atteintes de l'organisme suite à une exposition prolongée sont, chez l'homme comme chez l'animal, des atteintes de la fonction rénale. Le cadmium est à l'origine de la maladie « Itaï- Itaï » décrite au Japon, caractérisée par une insuffisance rénale associée à l'ostéoporose et à l'ostéomalacie (Payen, 2007).

CHAPITRE V :

ACTIONS MILITANTES POUR LA CONSERVATION ECOSYSTEMIQUE DU LAC TOHO

Généralité

L'atteinte du bon état chimique et écologique des eaux de surface en occurrence les lacs doivent être la majeure préoccupation des différentes structures, institut et cadres du secteur de l'eau. Les moyens de lutte contre les pollutions des plans d'eau doivent être définis de façon urgente. Cela nécessite des actions d'information-sensibilisation, la multiplication des aménagements d'assainissement et d'épuration, le fonctionnement des réseaux de surveillance, la disposition de moyen de mesure et de capacités d'interprétation, et le support d'une réglementation explicite. Les actions militantes ci-dessous font la lumière sur des éléments indispensables pour ramener la pollution des eaux à un niveau acceptable.

5.1. Action militante sur le plan technique

- ✓ Définir des périmètres de sécurité d'au moins 15mètres tout autour du lac en interdisant toutes activités dans cette zone en dehors de la pêche ;
- ✓ restreindre l'épandage des engrais et pesticides dans les zones immédiates du lac ;
- ✓ Sensibiliser les riverains sur la gestion des déchets solides et mettre en place un système d'assainissement collectif.

5.2. Action militante sur le plan réglementaire

- ✓ Sensibiliser la population sur l'importance de respect des règlements qui régissent la gestion des plans d'eau et leur faire connaitre les textes,
- ✓ renforcer l'agence de l'eau et de l'assainissement dans la mise en application des règles élaborées ;
- ✓ créer une Agence de surveillance, de contrôle de la qualité des eaux de surface.

5.3.Action militante sur le plan de recherche

- ✓ Créer un centre de recherche sur la qualité des eaux, doté des moyens de caractériser, de contrôler et de maîtriser la qualité de 'eau ;
- ✓ le ministère de l'eau doit plus accompagner les chercheurs du secteur de l'eau dans leurs recherches et mettre en application les résultats issus de ces recherches en vue d'une meilleure compréhension des phénomènes de pollution ;
- ✓ structurer et soutenir une recherche pharmaco-toxicologique pour l'évaluation des effets chimiques et biologiques des mélanges complexes de micropolluants.

CONCLUSION

Il ressort des résultats de notre étude que certains paramètres physico-chimiques sont très élevés au regard des règlements et normes. Les résultats du dosage des métaux lourds ont montré une teneur très élevée aussi bien dans les sédiments que dans les poissons.

Le lac est pollué par les composés azotés (l'azote en nitrate, l'azote ammoniacal) et par le phosphore. La valeur de la demande chimique en oxygène confirme la pollution du lac par les matières organiques. Il s'avère indispensable de noter que les résultats d'analyses microbiologiques montrent que le lac est pollué par les déjections animale et humaine.

La concentration en plomb, cadmium, cuivre et zinc est très élevée et dépasse la norme des règlements en la matière. Alors les poissons du lac Toho sont pollués par les métaux lourds et la consommation de ces poissons par la population peut avoir des effets indésirables sur la santé à court, moyen et long terme. Il urge que le gouvernement cherche des moyens pour remédier à ce problème qui entrave de façon récessive la santé des riverains.

Au vu des résultats, le carnage halieutique survenu le vingt et un mai 2018 dans le lac serait dû entre autre à une pollution anthropique qui serait probablement le déversement d'un produit chimique nocif pour la vie des poissons. Les résultats d'analyses des pesticides et les produits phytosanitaires effectués par le Laboratoire Centrale de la Sécurité Sanitaire des Aliments (LCSSA) du Ministère de l'Agriculture et de l'Elevage n'ont pas permis d'identifier les produits chimiques responsables. La restauration des écosystèmes du lac et la reprise de la vie aquatique permettra sans doute de confirmer que ces produits chimiques se seraient solubilisés dans l'eau du lac et aurait perdu sa toxicité par le phénomène de la dégradation.

REFERENCE BIBLIOGRAPHIQUE

Azonsi F, Tossa A, Kpomasse M, Lanhoussi F, Zannou A et Gohoungossou A 2008 Atlas hydrographique du Bénin: système de l'information sur l'hydrographie. Direction Générale de l'eau, Bénin, 22 p

Baghdadi Mazini Dina, 2012. Pollution de l'environnement marin et santé humaine : Mesure, évaluation et Impact des contaminants chimiques et biologiques dans les produits de la pêche au niveau du littoral marocain. Thèse. Tanger. UNIVERSITE ABDELMALEK ESSAADI FACULTE DES SCIENCES ET TECHNIQUES – Tanger. P184.

Belhamra, A. (2001) Contrôle de la salinité des eaux du lac Fetzara jusqu'à la mer. Mémoire de Magister, option :biologie des organismes marines. Université d'Annaba, 110p.

Ben Bouih H, Nassali H, Leblans M, Srhiri A. 2004. Contamination en métaux traces des sédiments du lac Fouarat. Afrique Science, 1(1): 109 – 125.

Chouti W, Mama D, Alapini F,. Int J. Biol. Chem. Sci., 2010a, 4(4) : 1017-1029.

Chouti, W. et al. (2011). Caractérisation physicochimique de la lagune de Porto-Novo (sud Bénin) et mise en relief de la pollution par le mercure, le cuivre et le zinc. Journal of Applied Biosciences, 43, 2882-2890.

Dèdjiho, C. A. et al. (2013). Évaluation de la qualité physico-chimique de certains tributaires d'eaux usées du lac Ahémé au Bénin. Journal of Applied Biosciences, 70, 5608-5616. https://doi.org/10.4314/jab.v70i1.98763

Dimon et al. (2014). Caractérisation physico-chimique du lac Ahémé (Sud Bénin) et mise en relief de la pollution des sédiments par le plomb, le zinc et l'arsenic. Journal de la Société Ouest-Africaine de Chimie, 37, 36-42. http://invenio.uac.bj/Diversite et exploitation des crevettes d%2527eau douce dans la lagune de grand-popo.pdf

Djenontin et al (2010) Dynamique des stratégies et des pratiques d'utilisation des parcours naturels pour l'alimentation des troupeaux bovins au Nord-Est du Bénin

Dovonou F.,. Pollution physico-chimique et bactériologique d'un écosystème aquatique et ses risques éco toxicologiques. Cas du lac Nokoué au sud Bénin. Mémoire de DEA en Environnement, Santé et Développement. FLASH, UAC, 2008, 76 pages.

Gold et al. (2002). HALY et QALY et DALY, Oh My: similitudes et différences dans les mesures sommaires de la santé de la population. Examen annuel de la santé publique

Haman C (2014) Fabrication of a highly selective cadmium (II) sensor based on 1, 13-bis (8-quinolyl)-1, 4, 7, 10, 13-pentaoxatridecane as a supramolecular ionophore

HOUNKPE J.B. et al   (2017).Évaluation de la contamination des sédiments par les métaux lourds du lac d'Ahémé dans le sud du Bénin (Afrique de l'Ouest)

http://invenio.uac.bj/Diversite et exploitation des crevettes d%2527eau douce dans la lagune de grand-popo.pdf

http://www.fisheriesjournal.com/archives/2015/vol2issue3/PartC/35.pdf

https://www.memoireonline.com/11/12/6518/La-gestion-de-l-eau-au-Benin-et-ses-impacts-environnementaux-Cas-de-l-arrondissement-de-Houin-dans.html

https://www.memoireonline.com/11/12/6518/m_La-gestion-de-l-eau-au-Benin-et-ses-impacts-environnementaux-Cas-de-l'arrondissement-de-Houin-dans13.html

https://www.protos.ngo/sites/default/files/iwb-gire_etatlieux_benin.pdf(MULTIYEAR PROGRAM II (MYP II)) Ahouansou, M. S. (2003). Etude de l'écologie et de la production halieutique du Lac Toho au Bénin, mémoire de DESS, Faculté des sciences Agronomiques. Université d'Abomey-Calavi, Bénin, 88p.

International Atomic Energy Agency. 2003- Reference sheet. Reference Material IAEA-407. Trace elements and methylmercury in fish tissue. Vienne.

Koudenoukpo et al(2017) :J. Appl. Biosci. 2017 : Journal of Applied Biosciences 113: 11111-11122.

Koudenoukpo, Z. C. et al. (2017). Caractérisation physico-chimique d'un système lotique en région tropicale: La rivière Sô au Sud-Bénin, Afrique de l'Ouest. Journal of Applied Biosciences, 113, 11111-11122. https://doi.org/10.4314/jab.v113i1.1

Lamizana-Diallo M. B., 2005. Effet du régime de la crue naturelle fluviale sur les hygrophytes. Cas d'un bief du Massili- Burkina Faso. Mémoire de DEA. Laboratoire de biologie et d'écologie végétales. UFR-SVT, Université de Ouagadougou. 77p.

N'Guessan Y. M., (2008). Dynamique des éléments traces dans les eaux de surface des bassins versants agricoles de Gascogne. Thèse de doctorat à l'Université de Toulouse, 253p.

Objectifs du Millénaire pour le Développement : OMD, rapport 2015. New York, Nations Unies : Way C., 75p.

Reddy M.S., Mehta B., Dave S., Joshi M., Karthikyan L., Sarma V.K.S., Basha S., Ramachandraiah G. et Bhatto., 2007. -Bioaccumulation of heavy metals in some commercial fishes and crabs of the Gulf of Cambay, India-. Current Science, Vol.92, pp.1489-1491.

Thèse Dovonou (N°…13…../PhD/CIPMA/FAST/UAC).titre : diagnostic qualitatif et environnemental de l'aquifère superficiel du champ de captage intensif de godomey au Benin (Afrique de l'ouest) : éléments pour un plan d'actions stratégiques de protection des ressources en eau souterraine exploitées (2013)

ANNEXE

Annexe 1 : Fiche descriptive de terrain

Fiche descriptive de terrain

Nom du site :   Date :

Coordonnées géographiques:

Description et raisons du choix de site:

Profondeur :

Turbidité :

PH :

Conductivité électrique :

Température :

Salinité :

Oxygène dissous :

TDS :

Prise de photographe :

Réalisateur : Jean G. GBAGUIDI

Annexe 2 : Grille d'd'appréciation de la qualité des eaux douce

Paramètres	Valeurs limites	Référence
pH	6,5-8,5	Norme française
Turbidité (NTU)	150	Norme française
Oxygène dissous (mg/l)	7	OMS
Température (°C)	24-30	Norme française
Salinité (g/l)	0.5	OMS
TDS (mg/l)	1000	Norme française
DBO (mg/l)	25	Norme française
DCO (mg/l)	25-40	Norme française
CE (µs/cm)	500	OMS
N-NO3- (mg/l)	0,01	Norme française
N-NO2- (mg/l)	0,006	Norme française
N-NH3 (mg/l)	0,02	Norme française
NTK (mg/l)	6	Norme française
Phosphore total (mg/l)	1	Norme française
Orthophosphate (mg/l)	0,1	Norme française

Tableau XIV : Grille d'd'appréciation des paramètres physico-chimiques de la qualité des eaux douces

Paramètres	Valeurs limites	Référence
Cadmium (mg/kg)	0,18	AIEA
Cuivre (mg/kg)	3,28	AIEA
Plomb (mg/kg)	0,12	AIEA
Zinc (mg/kg)	67,1	AIEA

Tableau XV: Valeur guide des métaux lourds dans la chair des poissons selon les règlements européens (**AIEA**).

Photo 1: changement de la couleur des filets blancs en rouge observé suite au changement de couleur de l'eau du lac

Photo 2: Pêche des poissons justifiant la reprise de la vie aquatique sur le lac

TABLE DES MATIERES

www.ingramcontent.com/pod-product-compliance
Lightning Source LLC
Chambersburg PA
CBHW040856110726
48005CB00001B/91